EXORCISMOS REALES

Los Exorcismos y Casos Registrados de Posesiones más Impactantes de la Historia

ALEXANDRO FERREIRA

© **Copyright 2021 – Alexandro Ferreira - Todos los derechos reservados.**

Este documento está orientado a proporcionar información exacta y confiable con respecto al tema tratado. La publicación se vende con la idea de que el editor no tiene la obligación de prestar servicios oficialmente autorizados o de otro modo calificados. Si es necesario un consejo legal o profesional, se debe consultar con un individuo practicado en la profesión.

- Tomado de una Declaración de Principios que fue aceptada y aprobada por unanimidad por un Comité del Colegio de Abogados de Estados Unidos y un Comité de Editores y Asociaciones.

De ninguna manera es legal reproducir, duplicar o transmitir cualquier parte de este documento en forma electrónica o impresa.

La grabación de esta publicación está estrictamente prohibida y no se permite el almacenamiento de este documento a menos que cuente con el permiso por escrito del editor. Todos los derechos reservados.

La información provista en este documento es considerada veraz y coherente, en el sentido de que cualquier responsabilidad, en términos de falta de atención o de otro tipo, por el uso o abuso de cualquier política, proceso o dirección contenida en el mismo, es responsabilidad absoluta y exclusiva del lector receptor. Bajo ninguna circunstancia se responsabilizará legalmente al editor por cualquier reparación, daño o pérdida monetaria como consecuencia de la información contenida en este documento, ya sea directa o indirectamente.

Los autores respectivos poseen todos los derechos de autor que no pertenecen al editor.

La información contenida en este documento se ofrece únicamente con fines informativos, y es universal como tal. La presentación de la información se realiza sin contrato y sin ningún tipo de garantía endosada.

El uso de marcas comerciales en este documento carece de consentimiento, y la publicación de la marca comercial no tiene ni el permiso ni el respaldo del propietario de la misma.

Todas las marcas comerciales dentro de este libro se usan solo para fines de aclaración y pertenecen a sus propietarios, quienes no están relacionados con este documento.

Índice

Introducción	vii
1. El papel de los exorcismos en la cacería de brujas y en las inquisiciones	1
2. George Lukins	33
3. Gottliebin Dittus	39
4. Thiebauld y Joseph Burner	45
5. Clara Germana Cele	55
6. Sophia, víctima de brujería	61
7. El caso de Giselle y el Sr. Smith	69
8. Roland Doe	79
9. Bill Ramsey, el exorcismo de un hombre lobo	87
10. El caso de Anna	99
11. Anneliese Michel	109
12. Michael Taylor	117
13. Clarita Villanueva	125
14. El doctor Richard Gallagher y su paciente, Julia	133
15. Exorcismos en el siglo XXI	141
Conclusión	157

Introducción

Al escuchar la palabra exorcismo, muchas personas pueden pensar en la famosa película de terror *El exorcista*.

Sin embargo, los exorcismos no están reservados al mundo de la ficción.

Cuando se explica en los términos más sencillos, un exorcismo es la práctica en la que se expulsa un demonio u otra entidad espiritual fuera de una persona o lugar que está poseído.

Dependiendo de las creencias del exorcista, el exorcismo se puede realizar de muchas maneras; ya sea provocando que la entidad pronuncie un juramento, por medio de la realización de un ritual muy elaborado o simplemente al ordenarle que salga en el nombre de un poder superior.

Introducción

La práctica de llevar a cabo un exorcismo se encuentra, de una forma u otra, en el sistema de creencias de muchas culturas y religiones.

En el cristianismo, un exorcismo es la práctica en la que se expulsan demonios. La persona que lo realiza suele ser un miembro de la Iglesia cristiana. Aunque el exorcista puede ser, en ocasiones, un individuo agraciado con poderes o habilidades especiales.

Durante el proceso del exorcismo, el exorcista usa rezos y material religioso como imágenes, símbolos y gestos. Dios o Jesucristo suele ser invocado por nombre así como otra variedad de ángeles o arcángeles en diferentes puntos durante la ceremonia.

Es una creencia común entre los exorcistas cristianos que la autoridad otorgada a ellos por el Padre, el Hijo y el Espíritu Santo (la Santa Trinidad) es la fuente de su habilidad para expulsar demonios.

En el cristianismo moderno, aquellos que se consideran poseídos no son vistos como seres malvados ni se les considera completamente responsables por sus acciones. Esto se debe a que las acciones llevadas a cabo cuando la persona está poseída son consideradas como el resultado de una manipulación involuntaria hecha por un demonio.

Introducción

Por lo tanto, un exorcismo es más visto como una cura que como un castigo.

Esta creencia se refleja en las condiciones en las que el exorcismo suele ser llevado a cabo, la persona poseída sólo está restringida físicamente si hay posibilidad de violencia.

Una de las ramas del cristianismo, los exorcistas católicos son realizados en el nombre de Jesucristo. En el catolicismo, solamente un padre ordenado puede llevar a cabo un exorcismo formal, ya sea por medio del bautismo o en una ceremonia específica. Esta ceremonia solamente puede ser realizada con el permiso de un obispo.

Una ceremonia informal de exorcismo toma la forma de recitar las oraciones de liberación. La presencia de un sacerdote no es necesaria para un exorcismo informal; las oraciones de liberación pueden ser pronunciadas por cualquiera.

La sección 11 del Rituale Romanum enlista los lineamientos para llevar a cabo un exorcismo formal, así como explicar cuándo es necesario un exorcismo formal. Los sacerdotes reciben las instrucciones para determinar cuidadosamente que la aflicción es, en efecto, una posesión y no una enfermedad psicológica o física antes de meterse en los exorcismos.

Introducción

Durante la ceremonia, el exorcista va a recitar oraciones de acuerdo con las rúbricas del rito. También puede utilizar material religioso como íconos y sacramentos.

Al igual que con las otras ramas del cristianismo, los exorcismos católicos invocan el nombre de Dios y de Jesús, así como el de otros miembros de la Iglesia triunfante y el arcángel Miguel.

Los exorcismos pueden ser realizados varias veces a la semana durante muchos años antes de que un demonio establecido profundamente sea expulsado finalmente.

La creencia de que un cuerpo o un lugar puede ser poseído y necesita ser purificado por medio de un exorcismo no es algo restringido al cristianismo. Muchas de las grandes religiones del mundo tienen una creencia similar de que una persona o un lugar puede estar poseído y que sólo puede ser purificado al realizar algún tipo de ceremonia de exorcismo.

Hinduismo

De los cuatro libros sagrados de la religión hindú, conocidos como Vedas, el Atharva Veda contiene secretos relacionados con los exorcismos, magia y la alquimia.

Para los hindúes, los medios básicos para el exorcismo son los mantras y el yajña, los cuales se encuentran en las tradiciones védicas y tántricas.

La tradición del visnuismo utiliza la recitación de los nombres de Narasinja, así como leer las escrituras, especialmente el Bhagavata-purana, en voz alta.

Islam

En el islam, un exorcismo es conocido como roqya y suele ser utilizado para reparar el daño causado por la magia oscura o sihr. Hoy en día, un roqya es parte de un cuerpo más amplio de medicina islámica alternativa contemporánea llamada al-Tibb al-Nabawi. Esto se traduce como "medicina del Profeta".

Durante un exorcismo islámico, a la persona a la que se va a tratar se le dice que se recueste mientras un jeque coloca una mano sobre la cabeza de la persona afligida. Luego, el jeque puede recitar versos del Corán, pero esto no siempre se considera necesario. El agua bendita a veces puede ser bebida o rociada. En algunas ceremonias de exorcismo también se pueden utilizar perfumes sin alcohol, conocidos como ittars.

Igualmente se pueden recitar versos del Corán que glorifican a Dios e invocan la ayuda del todopoderoso. Esto no es inusual para cuando se leen los adhan (las llamadas para convocar a los rezos diarios). Esto se considera que tiene el efecto de repeler seres no angélicos invisibles, conocidos como djinn.

Judaísmo

En el judaísmo, los exorcismos eran realizados históricamente ya sea al administrar extractos de raíces venenosas o al hacer sacrificios.

Un rabino, quien ha dominado la Cábala práctica, realiza el ritual del exorcismo judío. Durante la ceremonia también está presente un grupo de diez adultos masculinos conocidos como minyán.

Al comienzo del exorcismo, el minyán y el rabino se reúnen en un círculo alrededor de la persona poseída. El minyán entonces recita el salmo 91 tres veces antes de que el rabino sople un cuerno de carnero o shofar.

El shofar se toca de forma específica ya que al tocar las varias notas y tonos en el orden correcto se considera que son capaces de destrozar el cuerpo.

La destrucción del cuerpo permite que la fuerza poseedora se sacuda hasta que quede débil. Después de aflojar esa fuerza, el rabino comienza a comunicarse con el espíritu al preguntarle por qué ha elegido poseer a la persona afligida.

Entonces, el minyán puede rezar por el espíritu antes de realizar la ceremonia. Se cree que, haciendo esto, el espíritu se siente lo suficientemente a salvo para dejar el cuerpo de la persona poseída.

Taoísmo

En la fe china del taoísmo, es común que los exorcismos se realicen en un individuo que ha sido poseído por un espíritu malvado por una de dos razones.

Puede ser que el individuo ha perturbado a un fantasma, sin importar la intención, y el fantasma ahora quiere venganza.

La otra opción es que una persona viva ha utilizado magia negra para mandar a que un espíritu posea a alguien que le ha hecho mal como una venganza. Los miembros del daoshi o fashi, ambos oficiales de rituales chinos, y sacerdotes ordenados por un maestro celestial pueden realizar exorcismos.

Las ceremonias taoístas de exorcismos incluyen cánticos, movimientos físicos y oraciones como formas para expulsar a los espíritus. Hoy en día, estos rituales de exorcismos suelen ocurrir durante festivales en los que se consideran más como una forma de entretenimiento que una necesidad o un asunto que se deba tratar con gran seriedad.

Cuando la ceremonia comienza, los líderes de los exorcismos crean una actuación dramática. Esto involucra expulsar a los demonios para que la aldea pueda vivir en paz otra vez. A veces, el líder de la ceremonia utiliza un arma filosa para hacerse sangrar. En el taoísmo se cree que la sangre protege. Después de que terminan los rituales, la sangre se salpica con un trapo y se coloca en la puerta de las casas como un acto de protección en contra de los espíritus malvados.

Mundo en general

En la sociedad actual, altamente secular y armada con el conocimiento de muchos avances científicos y médicos, muchas personas dicen que los exorcismos no tienen un propósito real. Se dice que los supuestos casos de posesión demoniaca en realidad con problemas de salud mental o física que se han malentendido o no han sido diagnosticados.

Los síntomas que son tradicionalmente atribuidos a la posesión demoniaca también son los síntomas de varias enfermedades físicas y mentales. Estas incluyen la histeria, manías, psicosis, síndrome de Tourette, epilepsia, esquizofrenia o trastorno de identidad disociativa.

Además de esto, también existe una forma de monomanía llamada demoniomanía o demoniopatía. Esta es una enfermedad en la que el paciente cree que ha sido poseído por uno o más demonios. En estos casos, parece que los exorcismos proporcionan una cura. Sin embargo, esto se debe en gran parte a un efecto placebo o simplemente por el poder de la sugestión.

También se cree que algunos casos de posesiones demoniacas son fingidos por narcisistas o por personas que sufren de baja autoestima y quieren ser el centro de atención.

Nuevos descubrimientos sobre problemas físicos y mentales suelen ser cotejados con casos históricos de posesiones demoniacas. La conclusión que se suele sacar es que la persona supuestamente poseída solía ser un individuo vulnerable que fue elegido como objetivo de forma injusta por la sociedad que no comprendía su situación.

1

El papel de los exorcismos en la cacería de brujas y en las inquisiciones

DESDE LA EDAD media hasta el siglo XVIII, los juicios a brujas y la quema de brujas ocurrían en varios lugares de todo Europa y en los Estados Unidos de América. Entre los actos más famosos de esta gran variedad de casos fueron las acusaciones de maldiciones colocadas en las personas, acusaciones de posesiones demoniacas e intentos de realizar exorcismos.

En siglo XVII, una serie de juicios e inquisiciones ocurrieron en varias partes de Francia, a diferencia de los más conocidos y contemporáneos juicios de brujas que ocurrieron en Pendle, Inglaterra, y Salem, Estados Unidos.

. . .

Los casos franceses se diferenciaban en dos aspectos: tenían una naturaleza mucho más sexual y mucho más arraigados a la religión.

El primer cuarto del siglo XVII y cuando se presentó el punto más álgido de la cacería de brujas en Francia.

Durante este periodo de tiempo, el número de los casos de posesiones demoniacas que involucraron monjas, sacerdotes y otras figuras religiosas superó el de cualquier otro momento.

El primero de los casos franceses ocurrió en Aix-en-Provence. En este suceso, una serie de casos de supuesta posesión demoniaca se centraron en un grupo de monjas ursulinas.

Aix-en-Provence es una ciudad universitaria en la región de Provence-Alpes-Cote d'Azur al sur de Francia. En la actualidad esta zona es más conocida por ser el lugar de nacimiento del pintor impresionista Paul Cézanne. Sin embargo, en el siglo XVII, Aix-en-Provence se volvió como su por una razón mucho más siniestra.

Las monjas ursulinas de la ciudad eran una orden católica romana originalmente fundada en Brescia, Italia, por

Santa Ángela Merici. La orden trabajaba para proporcionar educación a las niñas, así como también cuidados para enfermos y los necesitados.

En 1572, las ursulinas estuvieron de acuerdo para volverse una orden religiosa enclaustrada. Este cambio se volvió particularmente popular con las monjas ursulinas francesas, por lo que las Hermanas rápidamente comenzaron a reformarse a sí mismas como monjas enclaustradas. Bajo los votos solemnes, las monjas dedicaron sus vidas a la educación de las niñas dentro de los muros del convento.

En 1609, fue en una de estas comunidades que las señales de una invasión demoniaca se presentaron por primera vez en Aix-en-Provence.

La víctima era una joven de 17 años, Madeleine de Demandolx de la Palud. Madelein tenía un historial de inestabilidad emocional. A pesar de vivir en el convento con el resto de la orden, Madeleine solía regresar a casa bajo el cuidado de sus padres cuando sufría de episodios de depresión.

. . .

Mientras se recuperaba de uno de estos episodios, Madeleine recibió la visita de un amigo de la familia, el Padre Louis Gaufridi. A pesar de ser casi 20 años mayor que ella, el Padre Gaufridi y Madeleine se volvieron amigos cercanos.

Pronto comenzaron a extenderse los rumores de que eran amantes.

No pasó mucho tiempo antes de que este rumor llegara a los oídos de la jefa del convento ursulino en Marsella, la Hermana Catherine de Gaumer. Preocupada, la Hermana de Gaumer le informó a la madre de Madeleine sobre la supuesta relación. También sugirió al Padre Gaufridi que debería distanciarse inmediatamente de Madeleine.

Con el objetivo de asegurar de que no hubiera ningún contacto entre ambas personas, Madeleine fue admitida en el convento ursulino en Marsella. Ahí, ella estaba bajo la supervisión directa de la Hermana de Gaumer.

Conforme hablaban y Madeleine comenzó a confiar en la Madre superiora, ella le reveló a la Hermana Catherine de Gaumer la historia completa de su relación con el Padre Gaufridi. Siempre fiel a su intento de proteger a Madeleine de las atenciones de Gaufridi, organizó la joven se pudiera unir a un convento distante en Aix.

Al inicio, después de establecerse en su nueva comunidad, Madeleine vivió una vida sencilla como parte de la comunidad ursulina. Sin embargo, esta tranquilidad no duró demasiado. En 1611, dos años después de haber llegado al convento, Madeleine comenzó a actuar de forma diferente.

El cuerpo de Madeleine se contorsionaba de forma horrible y en un ataque extremadamente violento de ira llegó al punto de destrozar un crucifijo. Aquellas personas cerca de ella consideraban que Madeleine estaba demostrando todos los síntomas clásicos de una persona que estaba en las garras de una posesión demoniaca.

Después de muchas oraciones y contemplación, se decidió que la única forma de desterrar apropiadamente los demonios de Madeleine era llevar a cabo un exorcismo. El primer intento demostró ser inútil cuando Madeleine se resistió a todos los esfuerzos para ayudarla.

. . .

Los siguientes intentos trajeron consigo acusaciones y maldiciones respecto al Padre Gaufridi. Los demonios, hablando a través de Madeleine, decían que el Padre Gaufridi era un adorador del demonio. También insinuaron que Gaufridi y Madeleine habían tenido relaciones sexuales cuando ella tenía 17 años de edad.

Mientras que Madeleine seguía sufriendo, tres monjas del convento también fueron reconocidas como poseídas por demonios. Para el final del año, el número había aumentado hasta ocho.

La masa afligida de todo se consideró que era la Hermana Louise Capeau. Sus desvaríos y contorsiones corporales eran consideradas mucho más horribles que cualquiera de las que Madeleine había manifestado.

Con la situación en el convento al borde de salirse de control, las autoridades de la Iglesia pidieron la ayuda del gran inquisidor Sebastien Michaelis. El Padre Domptius, un exorcista flamenco, también fue convocado. A Domptiu se le pidió que continuara con los intentos para remover los demonios de las Hermanas afligidas.

. . .

Cuando el Padre Domptius comenzó a exorcizar a Madeleine, el demonio que estaba en posesión de su cuerpo se identificó a sí mismo como Vérin. Este demonio acusó al Padre Gaufridi de provocar su posesión.

Vérin también dijo que 666 demonios estaban poseyendo el cuerpo de Madeleine. Después de esas revelaciones, el Padre Gaufridi fue convocado al convento bajo el pretexto de exorcizar a la Hermana Louise Capeau.

Después de haber realizado esta tarea, Gaufridi fue denunciado como un hechicero y caníbal. Gaufridi respondió a estas acusaciones al decir que "si fuera un hechicero, ciertamente le daría mi alma a miles de demonios".

Los inquisidores consideraron esto como una confesión de culpa y el Padre Gaufridi fue encarcelado inmediatamente.

Mientras tanto, la Hermana Louise Capeau, quien seguía poseída, insistía ruidosamente a cualquiera que le pusiera atención que el Padre Gaufridi había cometido cualquier forma imaginable de perversión sexual. Esto alarmó a las autoridades e inició una búsqueda en las habitaciones del sacerdote.

. . .

A pesar de la búsqueda exhaustiva, los inquisidores no descubrieron ninguna señal de textos mágicos o de cualquier objeto relacionado con la brujería. Además de no encontrar ninguna evidencia incriminatoria, los miembros de la parroquia de Gaufridi, cuando fueron interrogados por los inquisidores, todos insistieron en que era un hombre respetable y de buen carácter.

Al no ser capaces de encontrar evidencia, la inquisición se vio obligada a liberar al Padre Gaufridi de regreso a su parroquia, donde pudo continuar con sus deberes clericales.

Una vez restaurado, el Padre Gaufridi exigió que su nombre fuera limpiado y que sus acusadoras fueran castigadas por brindar falso testimonio.

Al enfrentarse a este desafío, Michaelis, el gran inquisidor, siguió con la determinación para enjuiciar a Gaufridi.

Eventualmente, Michaelis cumpliría con su deseo. El juicio en Aix-en-Provence atrajo una gran cantidad de miradas del público en general. Ahí observaron a Madeleine y a Louise comportarse como lo que se creía que era, en el siglo XVII al menos, la típica forma de un estado avanzado de posesión demoniaca.

· · ·

Madeleine se balanceaba maniaticamente y luego denunciaba con violencia a el Padre Gaufridi como un adorador del demonio y un hechicero, para después retractarse de sus acusaciones y rogar frenéticamente por el perdón de Gaufridi.

Después se reveló en la corte que la inquisición había descubierto la marca del demonio en el cuerpo de Madeleine, quien intentó suicidarse en dos ocasiones después de eso.

Para el momento en el que el Padre Gaufridi entró a la corte, él había pasado por una serie de terribles torturas físicas y mentales. Su cuerpo completo había sido rasurado cuando los inquisidores habían buscado la marca del demonio. En total se supone que encontraron tres marcas y se utilizaron como evidencia en su contra.

También se dijo en la corte que hubo un pacto con el demonio en el que, supuestamente, Gaufridi había firmado con su propia sangre. Por último, se produjo una confesión.

Esta fue extraída de Gaufridi bajo tortura. En la confesión estaba incluida la admisión de celebrar una misa negra con el objetivo de tener poder sobre las mujeres.

. . .

Cuando subió a la tribuna, Gaufridi se retractó vehementemente de la confección. Alegaba desesperadamente que había sido extraída bajo tortura. Sin embargo, bajo la mirada de la corte y de la sociedad francesa profundamente religiosa del siglo XVII, Gaufridi era culpable. La confección firmada y el supuesto pacto eran suficientes para sentenciar al Padre Gaufridi a morir en el fuego.

El 30 de abril de 1611, el Padre Gaufridi se paró frente a la multitud. Había una cuerda alrededor de su cuello. Ahí le pidió perdón a Dios antes de ser entregado a sus torturadores.

Después de vivir la tortura de la garrucha (en la que se le colocaba de las manos y se le dejaba caer abruptamente sin tocar el piso), Gaufridi fue arrastrado por las calles de Aix.

Eventualmente, el pobre sacerdote llegó a la plaza para su ejecución.

Ahí se le otorgó la misericordia del estrangulamiento antes de que su cuerpo fuera quemado hasta volverse cenizas.

. . .

Mientras Gaufridi había estado esperando su ejecución, la todavía perturbada Madeleine había renunciado a Dios y a todos los Santos ante la iglesia. Ella también había renunciado a las oraciones que se hacían por ella.

Inmediatamente después de la ejecución de Gaufridi, Madeleine de repente parecía libre de toda posesión. Su compañera doliente, Louise Capeau, no tuvo tanta suerte. Ella sufrió los efectos de la posesión hasta su muerte.

Siguiendo con el juicio, ambas mujeres fueron desterradas del convento y Madeleine, a pesar de su aparente recuperación, siguió bajo la vigilancia de las autoridades.

En 1642 y una vez más en 1652, Madeleine fue acusada de brujería.

Durante su segundo juicio, se descubrió una vez más que Madeleine tenía la marca del demonio. Se le sentenció a prisión. Eventualmente, la frágil Madeleine fue liberada bajo la custodia de un familiar. Madeleine murió en 1670 a la edad de 77 años.

. . .

El caso de Aix-en-Provence establece un precedente para futuras inquisiciones y exorcismos. Fue el primer caso en el que el testimonio de una supuesta persona poseída fue considerado en juicio. Antes de esto, alguien que sufría los efectos de una posesión se consideraba como un testigo no confiable. Esto se debe a que los sacerdotes consideraban que las afirmaciones hechas por aquellos que estaban poseídos venían de la boca del "padre de las mentiras".

La histeria de la posesión, la cual comenzó en Aix, no terminó con la muerte de Gaufridi y el destierro de las monjas. Un caso similar emergió poco después en Lille, mientras que en 1634 el hecho precedente en Aix-en-Provence llevó a la condena y ejecución de Urbain Grandier.

Urbain Grandier fue elegido como sacerdote parroquial de Saint Pierre du Marché en Loudun, una ciudad en la región de Poitou en Francia en 1617.

Registros de la época describen a Grandier como un hombre que era acaudalado y bien educado. Esta combinación hacía de Grandier, a pesar de su vocación Santa, el objetivo de mucho interés entre las jóvenes mujeres de Loudun.

. . .

Una de estas jóvenes mujeres era Philippa Trincant, la hija de un procurador del rey en Loudun. Cuando Philippa Trincant dio a luz a un bebé, hubo muchas especulaciones entre la gente del pueblo sobre que Grandier era el papá.

Así como su relación con Philippa Trincant, Grandier fue visto cortejando abiertamente a Madeleine de Brou, la hija de un consejero del rey en Loudun. De Brou, según se creía, era la amante de Grandier después de que él escribió un tratado en contra del celibato de los sacerdotes para ella.

No era ninguna sorpresa que un hombre de este contexto estuviera bien conectado con muchos amigos en círculos elevados. Después de que Grandier fuera arrestado bajo los cargos de inmoralidad en 1630, estos amigos influyentes le ayudaron para hacer que esas acusaciones desaparecieran.

Para el final del año, Grandier estaba completamente restaurado en sus labores clericales.

. . .

Esto molestó al Obispo de Poitiers, Chasteigner de La Roche Posay, quien había presidido el caso. El Obispo hacía manifiesto su desagrado por Grandier y no era un secreto el hecho de que quería a Grandier fuera de su parroquia.

No se sabe exactamente qué ocurrió después. En algunas historias, el Obispo de Poitiers se acercó al Padre Mignon, el confesor del convento local de monjas ursulinas, y ambos colaboraron en un plan para persuadir a algunas Hermanas para que fingieran posesión demoniaca y denunciarán a Grandier.

Después de estar de acuerdo con ese plan, el Padre Mignon fue capaz de persuadir a la Madre superiora, Jeanne des Anges, y a la otra monja para que accedieran. Las dos monjas se inventaron ataques y convulsiones, a veces contenía la respiración o hablaban en lenguas. También denunciaban continuamente a Urbain Grandier.

En otra versión de la historia, sin previo aviso, la Madre superiora del convento, Jeanne des Anges, se acercó al Padre Mignon para pedirle ayuda. Ella confesó una serie de sueños ilícitos sobre Grandier. En estos sueños, Grandier aparecía ante ella como un ángel radiante. En esta forma, él tentaba a Jeanne des Anges a realizar una serie de actos sexuales que causaban que ella gritara ruidosamente durante la noche.

Jeanne des Anges sufría flagelación y hacía penitencia por las molestias nocturnas, esperando que eso acabara con el problema. Por lo tanto, naturalmente, ella se sintió bastante afectada cuando supo que otras monjas en el convento tenían sueños similares. Algunas de las Hermanas también tenían alucinaciones. Armada con esta información, Jeanne des Anges acudió al Padre Mignon para escuchar su confesión y ayudarle a liberar al convento de estos demonios.

Cual fuera la verdad, el Padre Mignon y su ayudante, el Padre Pierre Barré, junto con el Obispo de Poitiers vieron esto como una oportunidad para quitar a Grandier de la parroquia.

Regresando al convento, los Padres Mignon y Barré realizaron una serie de exorcismos en las supuestas monjas poseídas. Varias de las monjas, incluyendo la Madre superiora Jeanne des Anges, sufrieron violentas convulsiones, gritaron los ruidos menos santos y realizaron gestos sexuales hacia los padres.

. . .

Durante los exorcismos, Jeanne des Anges dijo que ella y las otras monjas estaban poseídas por dos demonios, Asmodeo y Zabulón. Se decía que estos demonios habían sido enviados como plaga para las monjas después de que Urbain Grandier les arrojó un ramo de rosas sobre las paredes del convento.

Al darse cuenta de que estaba en peligro, Urbain Grandier utilizó su influencia política para hacer que el alguacil de Loudun aislara a las monjas. Sin embargo, las órdenes del alguacil fueron ignoradas. Grandier entonces acudido al Arzobispo de Bordeaux para que le ayudara.

El Arzobispo de Bordeaux mandó a su médico personal para que examinara a las monjas. El doctor no encontró evidencia de posesión en las monjas y, así, el Arzobispo de Bordeaux ordenó que los exorcismos debían detenerse.

Después del termino de los exorcismos, las monjas fueron aisladas en sus celdas.

No obstante, los oponentes de Grandier no se detuvieron. Jean de Laubardemont, un familiar de Jeanne des Anges y un hombre favorecido por el eminente Cardenal Richelieu, junto con un monje capuchino que utilizaba el nombre de Tranquille, se acercaron a Richelieu. Le informaron de los exorcismos poco exitosos en Loudun y también presentaron más evidencias en contra de Grandier.

Esto incluía una sátira que Urbain Grandier había escrito sobre Richelieu.

Al informarse sobre la historia de Grandier y con el conocimiento de que una familiar suya, llamada Hermana Clare era residente del convento de Loudun, Richelieu decidió actuar. Organizó una comisión real para arrestar e investigar a Grandier como brujo. Jean de Laubardemont fue designado como jefe de la comisión.

Tres exorcistas expertos, el monje capuchino el Padre Tranquille, el Padre franciscano Lactance y el jesuita Jean-Josephe Surin llegaron a Loudun para continuar con los exorcismos. Estos exorcismos fueron llevados a cabo en público y atrajeron la atención de 7 mil espectadores cada día. Los sacerdotes utilizaban órdenes dramáticas, amenazas y elaboraban rituales en un intento para dirigir y fomentar a que las monjas acusaran a Grandier.

La histeria creada por estos exorcismos públicos, combinada con las previas historias respecto a las antiguas amantes de Grandier hicieron que el público se pusiera en su contra.

En este ambiente, Jeanne des Anges introdujo una nueva afirmación; un tercer demonio que la estaba afligiendo a ella y a las otras monjas. Este demonio fue identificado como Isacaron, el demonio del libertinaje.

Jeanne des Anges procedió a pasar por un embarazo psicosomático. A lo largo de los exorcismos y los juicios, las monjas nombraron a 17 demonios diferentes que supuestamente las estaban atormentando.

Grandier, cada vez más desesperado por limpiar su nombre, ofreció realizar un exorcismo a las monjas. Grandier se comunicó con las monjas en griego, un lenguaje que no era conocido para ellas, pues se creía que el conocimiento de varias lenguas que no eran conocidas previamente por los afectados eran una señal segura de posesión.

Cuando se enfrentaron con el extraño lenguaje, todas las monjas respondieron que les habían ordenado en el pacto que hicieron que nunca debían hablar griego. Aquellas personas que creían que Grandier era inocente de los cargos que se le imputaban, dijeron que las monjas habían sido instruidas para proporcionar esa respuesta.

Exorcismos posteriores realizados por otros sacerdotes resultaron en que algunos demonios dejaran los cuerpos de las monjas.

En diciembre de 1633, Grandier fue encarcelado en el castillo de Angers.

Como era parte de la rutina, rasuraron todo su cuerpo para encontrar, exitosamente, la marca del demonio. Algunas personas dijeron que la inspección era una farsa y que no se encontró tal marca, pero fueron ignoradas.

Ahora ha aumentado el número de personas intentaban hablar en defensa de Grandier. Sus defensores ahora incluían a algunas monjas que antes habían dicho estado poseídas. Laubardemont desechó los alegatos de las monjas sobre la inocencia de Grandier, explicando que esa reacción era un plan de Satanás para salvar a Grandier.

. . .

Los intentos para defender a Grandier no se acabaron ahí. En un punto durante el juicio de Grandier, Jeanne des Anges apareció en la corte con una cuerda atada al cuello. Ella dijo que se ahorcaría a sí misma, a menos que la corte le permitiera arrepentirse de sus mentiras previas.

Al final, todos los intentos por defender a Grandier fueron inútiles. Algunos testigos de la defensa fueron obligados a mantenerse en silencio. Laubardemont anunció públicamente que cualquier ciudadano que testificara a favor de Grandier sería arrestado como traidor a la corona y se le confiscarían todas sus posesiones. Se registra que algunos de los testigos huyeron de Francia, pues tenía mucho miedo de lo que podía ocurrirles.

Con el caso bastante débil para la defensa, los acusadores produjeron 72 testigos que testificaron en contra de Grandier.

El 18 de agosto de 1634, la comisión real declaró culpable a Grandier y lo sentenciaron a muerte. En consecuencia, Grandier fue torturado por los inquisidores, esperando que dijera los nombres de sus cómplices. A pesar de la tortura, Grandier nunca confesó, manteniendo su inocencia e incluso bajo las formas más extremas de coacción.

. . .

Antes de su ejecución, el Padre Grandier se dirigió a la multitud que se había reunido para observar su final. Cuando lo hizo, los monjes arrojaron grandes cantidades de agua bendita en su rostro, lo que impidió que se escucharán las últimas palabras de Grandier.

Se suponía que Grandier sería ahorcado antes de que quemaran su cuerpo. Pero el exorcista Lactancio encendió la pira funeraria antes de que Grandier pudiera ser ahorcado. Dejaron que Grandier fuera quemado vivo.

A pesar de lo que se esperaba, la muerte de Grandier no logró detener las posesiones. Como resultado, los exorcismos públicos continuaron hasta 1637.

La cacería de brujas alrededor del Padre Grandier y su consecuente juicio y muerte sirvieron a un propósito político. Igualmente fue una oportunidad muy conveniente para que Richelieu se deshiciera del sacerdote problemático y era una excusa conveniente para liberar la zona de sus influencias hugonota.

. . .

Antes del arresto de Grandier, Laubardemont había sido asignado por Richelieu con la tarea de remover las almenas de Loudun. Tanto los hugonotes (protestantes) como los residentes católicos de Loudun estaban en contra de que se retiraran, creyendo que dejaría a la ciudad vulnerable ante los ataques de ejércitos mercenarios.

Uno de sus defensores más importantes era Urbain Grandier. Él había citado con frecuencia una promesa hecha por el rey de que las murallas de Loudun nunca serían destruidas. Las acciones de Grandier impedían que Laubardemont demoliera las fortificaciones.

Este fracaso tenía que ser explicado a Richelieu. Laubardemont, esperando escapar de cualquier culpa por el fracaso, incluyó en su reporte las historias de los exorcismos fallidos y la sátira difamatoria, así como la afectación reciente de Grandier a los planes de Richelieu. La cacería de brujas en contra de Grandier resultó ser una manera muy conveniente para deshacerse del sacerdote problemático.

Para el momento de la muerte de Grandier, muchos de los pobladores protestantes se habían convertido al catolicismo. Este fue un resultado directo de los exorcismos y sirvió para continuar con la eliminación del apoyo hugonote o la fortificación de la región.

. . .

Diez años después de las posesiones de Loudun, una tercera posesión demoniaca de alto perfil ocurrió en Francia. En esta ocasión, el evento estaba localizado en Louviers en la región de Normandía.

Como en los dos casos anteriores en Loudun y en Aix-en-Provence, la convicción de los sacerdotes fue el resultado del testimonio de monjas supuestamente poseídas.

La primera víctima de posesión fue la Hermana Madeleine Bavent. Después de sufrir los síntomas de la posesión, ella acusó al director del convento, el director Mathurin Picard, y al vicario de Louviers, el Padre Thomas Boulle, de haberla secuestrado y llevarla a un Sabbat de brujas.

Ahí, según dijo Madeleine, se le unió en matrimonio con el demonio, al que ella nombró Dagon. Madeleine luego cometió una gran cantidad de actos sexuales con Dagon.

Mientras esto ocurría, Madeleine Bavent dijo que los dos hombres fueron crucificados y destripados.

. . .

Esta confesión hecha por Madeleine Bavent inició una investigación. Esto reveló que otras monjas en el convento también eran víctimas de Picard y Boulle. Como Bavent, las otras monjas contaron historias similares de Sabbat ocultos y relaciones sexuales con demonios.

Junto con estas confesiones, los investigadores descubrieron muchas señales clásicas de posesión demoniaca. Estas incluían contorsiones, hablar en lenguas, insultos obscenos y blasfemias.

Como en Loudun, los exorcismos de Louviers fueron un espectáculo público muy popular. Al poco tiempo de comenzar, toda la población de Louviers estaba manifestando síntomas de histeria.

Esto fue provocado en gran parte por los gritos de las monjas mientras ocurrían los exorcismos y los gritos torturados del Padre Boulle, los cuales hacían eco en toda la ciudad. El compañero acusado de Boulle, Mathurin Picard, había muerto antes de que comenzara el espectáculo público.

Durante la investigación y los siguientes exorcismos, se supone que las monjas confesaron más evidencias en contra de Picard y Boulle. Igualmente, las monjas dijeron haber sido tentadas a realizar actos sexuales y haber sido instadas a cometer herejía.

También dijeron que el demonio, que se aparecía en la forma de un ángel, se involucraba con las monjas en conversaciones teológicas complejas. Esto las llevó a dudar de sus propias enseñanzas.

Las señales de posesión manifestadas por las monjas continuaron a lo largo de los exorcismos. Algunas fuentes relatan que una monja corría con movimientos tan abruptos que era difícil detenerla. Uno de los clérigos presentes, al haberla agarrado del brazo, se sorprendió al descubrir que eso no había prevenido que el resto de su cuerpo girara una y otra vez, como si el brazo solamente estuviera fijado al hombro por un resorte.

Antes de que pudiera comenzar el juicio, y en un intento de calmar la creciente histeria, el parlamento de Rouen dictó sentencia. La Hermana Madeleine Bavent fue encarcelada de por vida en el calabozo de la iglesia. El Padre Thomas Boulle fue quemado vivo y el cuerpo de Mathurin Picard fue exhumado y quemado.

. . .

Los eventos en Louviers llevaron a que las autoridades catalogaran los síntomas verdaderos de una posesión demoniaca.

Hoy en día, los eventos en Louviers, así como los de Aix-en-Provence, Lille y Loudun son generalmente considerados como parte de un espectáculo político y religioso.

Los tres casos que hemos revisado en este capítulo son diferentes a los siguientes casos de posesión y a las cacerías de brujas que ocurrieron en Inglaterra (Pendle) y en Estados Unidos (Salem) por la forma en la que involucraban temas sexuales. Durante los exorcismos de Louviers, las monjas alzaban sus hábitos y rodaban por atención sexual, así como también utilizaban lenguaje vulgar y realizaban movimientos lascivos.

Una cosa que estos tres casos tienen en común, junto con la mayoría de los casos de posesión demoniaca en Francia en el siglo XVII, es que fueron mujeres jóvenes en conventos. En la actualidad, la idea de que estos individuos estuvieran sufriendo de posesión demoniaca se desecha fácilmente.

. . .

En su lugar, los médicos y psicólogos atribuyen gran parte de sus actividades "poseídas" a una forma de histeria sexual.

Las extremas convulsiones experimentadas por algunas de las supuestas víctimas se pueden diagnosticar como una forma de epilepsia o enfermedades similares.

Durante el siglo XVII, la sociedad francesa utilizaba la posesión demoniaca como una explicación general para cualquier tipo de anomalía de personalidad. Sin embargo, el uso de la posesión demoniaca como una explicación sencilla no se restringe ni a Francia ni al siglo XVII.

Publicado por primera vez en 1746, el Tratado de las apariciones de espíritus y sobre vampiros o aparecidos en Hungría, Moravia et al, cuyo título original es en francés, es uno de los tantos trabajos de Antoine Augustin Calmet, un monje abad de la orden benedictina en el siglo XVIII. A veces se le nombra como Dom Calmet.

El tratado de Calmet sobre las apariciones fue publicado en dos volúmenes. Estos trataban de investigaciones de una gran variedad de asuntos ocultos. Los temas cubrían apariciones, casos de vampiros y aparecidos, disertaciones sobre varios temas como magia, hechicería y embrujos.

En esta obra, uno de los casos que Calmet examinó fueron las posesiones de Loudun. Según la opinión de Calmet, parece dudoso que hubiera un caso verdadero de posesión. A favor de esta perspectiva, Calmet realiza una comparación detallada de otros casos que creía que eran mucho más apegados a los síntomas principales de la posesión demoniaca.

Un caso fue el de Mademoiselle Elizabeth de Ranfaing.

En un peregrinaje cerca de su casa en Remiremont, al noreste de Francia en 1617, Elizabeth de Ranfaing comenzó a desarrollar síntomas inusuales. Los últimos años no habían sido buenos para la joven mujer, después de la muerte de su esposo y de haber sido cortejada por un médico, el Doctor Poirot. Insegura sobre si quería casarse otra vez tan pronto, Elizabeth rechazó las intenciones del médico.

En vez de eso, esperando poner un poco de espacio y tiempo entre ellos, ella se había embarcado en un peregrinaje. No obstante, Elizabeth no sabía que el médico le había dado una poción, esperando que se enamorara de él. Esta poción hizo que Elizabeth desarrollara síntomas inusuales que fueron observados por las monjas en el lugar del peregrinaje.

Al inicio, el rechazado Poirot siguió tratando a Elisabeth, aunque él no la curó. Mientras más tiempo estaba enferma, el médico esperaba que pasaran más tiempo juntos.

Eventualmente, Poirot esperaba que Elizabeth se enamorara de él.

Eso no ocurrió. En su lugar, Elizabeth continuó sufriendo de mala salud. Con su salud deteriorando, Elizabeth acudió con otros médicos. Ellos dijeron que su condición era incurable médicamente.

Aun así, bajo el cuidado del convento, Elizabeth fue convencida de pasar por una serie de exorcismos. Estos comenzaron en septiembre de 1619. Durante los exorcismos, el demonio que poseía a Elizabeth realizó una serie de respuestas detalladas y fluidas en varios idiomas, incluyendo francés, griego, italiano, hebreo y latín.

. . .

También se registró que el demonio era capaz de conocer y recitar los pensamientos y los pecados de los individuos que estaban examinando y exorcizando a Elizabeth. A través de Elizabeth también era capaz de proporcionar, cuando se le pedía, en varios idiomas descripciones detalladas de los ritos y secretos de la iglesia.

Una fuente dice que, en una ocasión, el demonio interrumpió al exorcista para corregir un pequeño error que había cometido en latín. Después de corregir al ministro, el demonio procedió a burlarse de él.

Cuando Poirot acudió a uno de los exorcismos, que al igual que otros en este periodo en Francia eran espectáculos públicos, los demonios que poseían a Elizabeth estallaron. Los intentos de Poirot para escapar fueron frustrados y ella fue arrestada. Después de un juicio, Poirot fue quemado en la hoguera por brujería.

Como muchos casos de posesión en este periodo, la posesión de Elizabeth de Ranfaing no terminó con la muerte de la persona que parecía responsable del problema. Ella fue curada finalmente después de pasar por una serie de peregrinajes durante 1625 y 1626. Eventualmente, ella decidió seguir un estilo de vida religioso y formó su propia orden santa.

. . .

Calmet considera que los síntomas exhibidos por Mademoiselle Elizabeth de Ranfaing son más consistentes con un caso verdadero de posesión demoniaca que el caso en Loudun.

2

George Lukins

En 1778, el vicario de Temple Church, Bristol, junto con media docena de compañeros ministros se reunieron para realizar un exorcismo en George Lukins, de 44 años de edad, quien decía estar poseído por varios demonios.

George Lukins era un sastre y un transportista común que vivía en la villa de Mendip, de Yatton en Somerset. Descrito como un hombre de extraordinario buen carácter, Lukin era un hombre que iba a la iglesia y recibía los sacramentos.

En 1760, cuando actuaba en una pastorela de Navidad, Lukins dijo haber recibido una cachetada sobrenatural que lo dejó en el piso. A partir de entonces, Lukins cantaba y gritaba con horribles sonidos y tonos, algunos de los cuales no parecía ser una voz humana.

Un caso curioso, Lukins fue el sujeto de mucho interés por parte de la comunidad médica. Por un período de tiempo estuvo bajo el cuidado del Dr. Smith, un eminente cirujano del pueblo cercano de Wrington. El caso de Lukins también fue examinado por otros tantos médicos.

A pesar de sus esfuerzos y de una estadía de 20 semanas en el hospital de St. George en Londres, el malestar de Lukins continuó. Eventualmente fue considerado como incurable y liberado del cuidado de los profesionales médicos.

En este punto es cuando los habitantes de Yatton comenzaron a pensar que George Lukins estaba poseído. Eventualmente, el consenso común en el pueblo estaba de acuerdo en que Lukins estaba en verdad poseído por siete demonios.

Naturalmente, estos solamente podían ser expulsados por siete clérigos; un ministro para cada demonio.

. . .

El 31 de mayo de 1778, la señora Sarah Barber le informó al Reverendo Joseph Easterbrook, el vicario anglicano de Temple Church en Bristol, sobre la desafortunada situación de Lukins. La Sra. Barber antes había sido residente de Yatton y conocía a Lukins.

Después de haber sido asegurado por su preocupada feligresa que Lukins era un buen nombre y acudía regularmente a la iglesia, el ministro prometió tratar de ayudar al desafortunado hombre. El Reverendo Easterbrook también contactó a seis ministros metodistas, quienes estaban conectados con el Reverendo John Wesley. Después de unas cuantas conversaciones, los hombres estuvieron de acuerdo en rezar por Lukins.

El viernes 13 de 1778, George Lukins viajó a Bristol. Ahí se reunió con el Reverendo Easterbrook y los seis ministros de Wesley. El pequeño grupo se reunió en la sacristía de Temple Church. Ahí esperaban estar lejos de las miradas curiosas.

No obstante, una serie de ruidos que iban a surgir de la sacristía durante las siguientes horas pronto atraerían a una gran multitud. En unos cuantos días, la historia de lo que había ocurrido en la sacristía de Temple Church se había extendido por todo el país.

. . .

Con la audiencia de ministros observando, Lukins procedió a ladrar de forma inhumana. Rápidamente cambió para hablar en una voz femenina muy aguda.

Después de observar esto, los ministros comenzaron a interrogar a los espíritus que poseían al infortunado Lukins, esperando identificarlos. Lukins respondió bruscamente a sus preguntas antes de recitar un Te Deum al demonio. En respuesta, los ministros rezaron oraciones y cantaron una serie de himnos.

Después de esto, los ministros ordenaron severamente que los demonios regresaran al infierno. Como respuesta, Lukins exclamó "¡Bendito Jesús!". Luego comenzó a alabar al Señor al recitar con gran entusiasmo el Padre Nuestro. Al parecer curado, el hombre luego agradeció a los ministros metodistas y al Reverendo Easterbrook por sus esfuerzos para salvarlo.

Sin ser una sorpresa debido a la audiencia que se había reunido afuera, la historia de cómo George Lukins había estado plagado de demonios antes de que los hombres valientes de la iglesia hubieran realizado el exorcismo y lo curaran fue impresa en la gaceta de Bristol. No obstante, el periódico recibió en poco tiempo testimonios de personas que decían que la historia era falsa.

Quien enviaba las cartas decía que Lukins era bien conocido en Yatton y en los pueblos circundantes como un imitador y ventrílocuo. En consecuencia, tenía mucha habilidad para alterar su voz.

Esto generó dudas sobre el valor de la intervención de los siete ministros. Poco después, eso también abrió la puerta para que varios clérigos y miembros de profesiones médicas incluyeran su opinión en el debate.

Estas opiniones apoyaban el caso de Lukins como también se le oponían y argumentaban en su contra. Muy pronto, todo el país estaba hablando de exorcismos y casos de posesión demoniaca.

Un escritor de Gentlemen's Magazine and Historical Chronicle realizó la hipótesis de que George Lukins posiblemente estaba sufriendo de una forma de epilepsia. Otras sugerencias para la causa de la supuesta posesión de Lukins decían que sufría de un terrible trastorno hipocondriaco.

. . .

No todas las teorías eran tan complicadas; otra sugerían que Lukins era un alcohólico, mientras que otras decían que esos síntomas habían sido causados por la mordida de un perro rabioso. Varios libros y registros fueron escritos discutiendo el caso de Lukins y la verdadera causa de todo.

A pesar de la mala fama sobre la historia de Lukins, esta todavía logró atrapar la imaginación del público en general. Muy pronto, George Lukins y su historia de posesión demoniaca y fueron conocidos en todo el país.

Sin importar cual fuera la verdadera causa detrás de la conducta de George Lukins después de disfrutar este breve momento de atención, Lukins regresó a su antigua vida en Yatton. Apoyado por el párroco, el sastre llevó una vida silenciosa y tranquila, atendiendo regularmente a la iglesia de Wesley, a los servicios religiosos y trabajando ocasionalmente pegando letreros.

A pesar de la fama que su historia le trajo, George Lukins murió como un hombre olvidado y sin dinero en febrero de 1805. Antes de su muerte, George Lukins fue un paciente en la enfermería de Bristol, donde fue tratado por una pierna mala y "afecciones hipocondríacas".

3

Gottliebin Dittus

GOTTLIEBIN DITTUS era una joven alemana que vivía en Möttlingen, en Württemberg, al sur de Alemania, cuando ella fue víctima de los síntomas de posesión demoniaca en 1840. El primer ataque comenzó en una ocasión cuando estaba rezando. La pequeña cayó inconsciente en el suelo y, después de eso, padeció alucinaciones y algunos fantasmas la molestaban. Ella dijo haber visto a formas y luces durante la noche y sus brazos chocaban entre ellos en contra de su voluntad; echaba espuma por la boca que sufría de cerrados inexplicables.

Dittus perdió varios trabajos a causa de sus problemas. En su casa también se escuchaban ruidos sin explicación y eran tan fuertes que los vecinos dijeron que podían escucharlos.

· · ·

El pastor local, el Reverendo Blumhardt la visitaba en ocasiones, pero dejó de ir a causa de su conducta. Una mujer del pueblo y el propio médico de Gottliebin se quedaron en su casa por la noche y confirmaron que los ruidos eran reales.

Dos años después del primer ataque, los hermanos y hermanas de Gottliebin llamaron al Reverendo Blumhardt para que les ayudara. Eventualmente, él y otros siete sacerdotes visitaron la casa. Cuando estaban entrando, se escucharon dos ruidos muy fuertes, como de disparos. Durante el tiempo que los hombres estuvieron en la casa, escucharon un total de 25 sonidos como estos, algunos tan fuertes que las ventanas temblaban, caía polvo de los techos y las sillas temblaban en el piso. A pesar de la exhaustiva búsqueda, los hombres no pudieron encontrar nada dentro de la casa que pudiera causar esos sonidos.

El Reverendo Blumhardt la siguió visitando después de eso.

A lo largo de los siguientes dos meses, investigó el pasado de Gottliebin y descubrió que, cuando era una niña, ella había sido abusada por su protectora, una tía, que la había expuesto a las prácticas de una religión campesina local que era común en la zona. El hombre religioso determinó que ésta era la causa de sus problemas y que estaba poseída por demonios.

Sin ninguna otra forma de lidiar con la situación, se dedicó a seguir el patrón que se había establecido en la Biblia y se dedicó a ayunar y rezar por Gottliebin en un intento por ayudarla. El Reverendo y Gottliebin rezaron juntos diariamente por los siguientes dos años en sesiones que a veces se volvían una batalla en contra de los demonios. Aunque sus problemas se apaciguaron cuando ella rezaba, nada le daba una solución definitiva.

Gottliebin a veces era hostil en contra del Reverendo, apretaba los puños, se movía con la intención de rasguños sus ojos y lo insultaba. Ella golpeaba a los hombres que llegaban con el Reverendo Blumhardt, pero nunca lo atacó físicamente a él. Él respondía con oraciones que parecían desterrar a los demonios por un tiempo, permitiéndole a Gottliebin ser ella misma por un breve periodo de tiempo.

Después un tiempo, el Reverendo Blumhardt descubrió que los demonios se iban sí les ordenaba que lo hicieran.

Los demonios se fueron de poco en poco, primero tres, luego siete; mientras tanto, la condición de Gottliebin empeoraba y se ponía peor. En una ocasión, ella se quejó de que una mano bestial estaba agarrando su garganta, intentando estrangularla. Cuando dijo que la había liberado, su garganta estaba cubierta de ampollas.

El Reverendo Blumhardt se encontró con un proceso muy cansado, pero los demonios seguían llegando, cada uno anunciándose con su propia voz. Conforme los demonios se presentaban, el rostro y la voz de Gottliebin cambiaba, ella golpeaba su cabeza contra la pared, se jalaba el pelo y golpeaba a los que estaban cerca de ella.

Por un tiempo, ella parecía mejorar y vivir de forma normal por unas cuantas semanas, pero luego volvía a los ataques con el mismo vigor de antes. En una ocasión, parecía que Gottliebin se había vuelto loca, pidiendo un cuchillo para suicidarse y luego subiéndose al descanso de una ventana para aventarse. Por suerte, volvió en sí justo a tiempo cuando cayó un rayo y bajó de la ventana, pero éste siguió otro ataque en el que consiguió una cuerda para colgarse.

Una vez más, cayó un rayo y recuperó el sentido.

. . .

En febrero de 1843, su condición volvió a empeorar. Comenzó a vomitar, pero al inicio era arena y luego fueron objetos, incluyendo pedazos de cristal, clavos viejos y doblados, agujas y alfileres. Algunos salían de su nariz y otros de sus orejas, aparte de su boca. Todos venían acompañados de un terrible dolor. Luego de eso, ella vomitó langostas, ranas, murciélagos e incluso una serpiente.

La Navidad de ese año, su hermano y hermana comenzaron a tener el mismo tipo de ataques. Hablando a través de su hermana, Katharina, un demonio reto a Dios a que mostrara una señal que todo Möttlingen pudiera ver.

Una voz demoniaca habló a través de Gottliebin diciendo "Ahora se ha acabado el juego. Todo ha sido traicionado. Nos has arruinado por completo. ¡Pobres de nosotros, todo está perdido! Somos 1,067, pero hay muchos más todavía vivos y deberían ser avisados. ¡Oh, pobres de ellos, están perdidos! ¡Nadie nos hubiera podido sacar! Solamente tú lo lograste, tú con tus rezos persistentes". Después de gritar de desesperación y temblar, Katharina dejó caer su cabeza repentinamente y su cuerpo cayó hacia atrás mientras gritaba "¡Dios es victorioso!".

. . .

Esto marcó el final de las posesiones de las hermanas. A lo largo de un periodo de dos años, un total de mil demonios fueron expulsados. Gottliebin no solamente se recuperó de todos los síntomas de su posesión, pero también fue curada su anterior cojera, puesto que nació con un pie más pequeño que el otro y no crecía a un ritmo normal. Sus problemas estomacales también desaparecieron y un hombro que tenía inclinado por la cojera también se solucionó.

Ella pudo tener una vida como sirvienta en la casa de un pastor le ayudó con su trabajo, lidiando con muchos visitantes que acudían a Möttlingen como un lugar en el que se podían sanar milagrosamente.

El Reverendo Blumhardt dejó a la iglesia reformada cuando prohibieron utilizar las oraciones como un medio para sanar a los enfermos, puesto que la iglesia se veía presionada por los doctores, quienes consideraban que Blumhardt estaba infringiendo dentro de su territorio profesional. Él se mudó a un antiguo y vacío hotel en el pueblo cercano de Bad Boll, donde siguió practicando la sanación por medio de riesgos.

4

Thiebauld y Joseph Burner

Thiebauld Burner era el mayor de los cinco hijos de la familia Burner en el año de 1864. Los Burner eran una familia católica muy trabajadora y de medios modestos, no eran nada fuera de lo ordinario hasta que los dos hijos mayores, Thiebauld y Joseph, enfermaron. Los niños, de 9 y 7 años, desarrollaron unos síntomas muy extraños que confundieron a los médicos.

Sus síntomas eran más que extraños. Los vientres de los niños repentinamente se inflamaron hasta un tamaño grotesco y se quejaban de que sentían como si una pelota estuviera girando en sus estómagos o que algún tipo de animal estaba recorriendo su cuerpo. Este malestar, seguramente doloroso, intrigó a los médicos, quienes no pudieron encontrar una causa ni tampoco pudieron encontrar un tratamiento exitoso.

. . .

El lenguaje de los niños de repente estuvo lleno de blasfemias y hablaban en idiomas extraños que nadie de su familia podía comprender. Se volvieron hostiles con los sacerdotes y otros líderes religiosos, también se rehusaron a comer cualquier alimento que hubiera sido rociado con agua bendita; el contacto con el agua bendita los hacía estremecerse como gusanos aplastados.

Thiebauld, en particular, se negaba a estar cerca de la iglesia. Incluso si le tapaban los ojos, comenzaba a resistirse y bramaba como un burro si lo llevaban cerca de una iglesia o una capilla.

Sufrían de ataques de ira donde maltrataban los muebles como si quisieran destruirlos por completo y luego se quedaban inertes, como si se hubieran desmayado. El enojo, una conducta irregular y extrañas manifestaciones se volvieron algo normal para ellos.

Durante la noche, ambos niños giraban rápidamente para estar sobre sus espaldas y luego sobre sus vientres. Mientras hacían eso, mantenían el cuerpo rígido con los brazos pegados a los costados. Esto podría no ser inusual, excepto que los padres de los niños dijeron que los giros ocurrían con tal velocidad que parecía que una fuerza invisible los estuviera moviendo.

Eventualmente, estos perturbadores giros fueron reemplazados por acciones físicas aún más inexplicables. Los niños entrelazaban sus piernas y brazos entre ellos, quedando como amarrados el uno con el otro. Los testigos lo describieron como si las piernas y los brazos de los niños estuvieran hechos de goma. Algunos hombres, por supuesto incluido su propio padre, intentaron desenredarlos para separarlos, pero no había fuerza física que pudiera zafarlos.

En dos ocasiones, Thiebauld supo que alguien había muerto cuando no había forma de que él lo supiera. En una ocasión fue una mujer mayor y, en otra, fue el padre de una niña que estaba presente. Thiebauld informó que el padre de la niña había muerto, aunque ella dijo que se encontraba en perfecto estado de salud. Thiebauld la contradijo, diciendo que su padre había sufrido una terrible caída. Unas horas después, la niña se enteró de que su padre había caído y muerto en un accidente de construcción. Cabe mencionar estos acontecimientos porque Thibauld acompañaba estos comentarios con burlas sádicas, además de mencionarlo de forma cruel.

. . .

Los registros de la época indican que los niños podían escalar árboles con la velocidad y agilidad de una ardilla, usando solamente sus manos y pies. Una vez arriba del árbol, podían colgarse de las ramas que simplemente no eran lo suficientemente fuertes como para sostener su peso.

Después de que comenzaron estos síntomas, los niños también eran capaces de doblarse a la mitad, hacia atrás y hacia adelante. Nunca habían sido suficientemente flexibles para hacer cosas como esas antes; simplemente no era algo natural.

Como sucede con muchos casos de posesión, los niños podían hablar y comprender inglés, francés, alemán, latín y español, así como diferentes dialectos de esos idiomas.

Aunque es posible que escucharan antes esos idiomas, esos niños eran considerados malos estudiantes y no eran muy adeptos al estudio, lo cual hace dudosa la idea de que aprendieran esos idiomas por medios naturales. De hecho, el francés que utilizaba Thiebauld cuando estaba poseído era considerado perfecto.

. . .

Ambos niños también levitaban, algunas veces hasta los muebles flotaban junto con ellos; los objetos en la habitación comenzaron a volar por la habitación y las ventanas se abrían por sí solas.

Sin embargo, Thiebauld fue el único de los dos que vio a una criatura. Era un ser grande, cubierto de plumas, con un pico como de pato y manos humanas que terminaban en garras.

Cuando Thiebauld lo vio, peleó frenéticamente con él, llorando y gritando que intentaba estrangularlo. Esto llegó a ocurrir de unas 20 a 30 veces en un solo día.

Cuando ocurrió, un olor nauseabundo inundó la habitación y apestó todas sus ropas, lo que hizo que la familia no tuviera otra opción más que quemarlas. Cuando le quitaron la ropa a Thibauld, también encontraron un extraño pasto acuático pegado a su piel; no había manera de explicar de dónde había salido o cómo terminó en su ropa.

Pasaron cinco largos años de tormento antes de que la Iglesia católica aprobara el exorcismo en los niños. Thiebauld fue el primero y su exorcismo fue el que duró más tiempo.

· · ·

Un Thiebauld iracundo, peleando y maldiciendo, fue llevado a la capilla y lo ataron a una pesada silla que cargaron tres hombres juntos. El niño comenzó a echar mucha espuma por la boca, girando y retorciendo su cuerpo mientras buscaba una salida.

Thiebauld seguía insistiendo en que no quería ser exorcizado, al mismo tiempo que de su boca manaban blasfemias e insultos en varios idiomas.

Gritó los peores insultos al sacerdote y peleó con las ataduras con todas sus fuerzas mientras el Padre comenzó a rezar. El niño gritaba y gruñía mientras le realizaban el exorcismo. Temblaba y aullaba como lobo, incluso soltó una dentellada a la mano del sacerdote, como un animal salvaje y loco, se resistía a tal punto que tres hombres pasaron dificultades para inmovilizarlo en la silla. Después de tres horas, el sacerdote estaba exhausto y empapado de sudor; decidió continuar el exorcismo al día siguiente.

Al segundo día del exorcismo, A Thiebauld le pusieron una camisa de fuerza y lo volvieron a amarrar a la silla; no obstante, cuando colocaron la silla en el piso, ésta comenzó a levitar. Después de muchos trabajos y contratiempos, los cuales incluyeron que los tres grandes hombres salieron volando por la habitación, lograron dejar a Thiebauld y a la silla en el piso. Thiebauld volvió a echar espuma por la boca en grandes cantidades, de modo que los testigos dijeron que la espuma se le salía por los lados de la boca como chorros.

Después de aproximadamente dos horas, Thiebauld comenzó a patear y se escuchó algo que chocaba. Repentinamente, el niño estaba inconsciente y los demonios ya no estaban. Thiebauld despertó después de una hora, más o menos, sin recordar nada de lo que había pasado durante los exorcismos y tampoco recordaba nada de lo ocurrido durante los últimos cinco años.

Thiebauld había sido liberado de la posesión demoniaca, pero parecía que los tormentos por los que pasó durante esos cinco años mientras esperaba el exorcismo se lo cobraron caro a su cuerpo, pues murió cuatro años después a la edad de 18 años.

Su hermano Joseph fue el siguiente en los exorcismos. Aunque el demonio en su interior presumía de ser mucho más fuerte que el que se encontraba en Thiebauld, su exorcismo fue más fácil. Sólo hizo falta un hombre para restringir al niño de 12 años durante su exorcismo. Gritó y aulló, pronunciando insultos y groserías. Hacía ruidos de animales, gimiendo como un perro en un momento y chillando como cerdo al siguiente. Sin embargo, a diferencia de su hermano, estuvo tranquilo la mayor parte del tiempo.

Era extraño que, en el caso de Joseph, los demonios seguían pidiendo que los mandaran a animales como a un rebaño de ovejas o a los cerdos. El sacerdote que lideraba el exorcismo se negó a permitir esto, ordenando que volvieran al infierno. Cuando los demonios por fin fueron expulsados, Joseph desinfló sus mejillas, su cuerpo sacudido por un terrible espasmo, y quedó inconsciente. Algo extraño que ocurrió, fue que el rosario colocado en su cuello se rompió cuando el demonio se fue.

Momentos después, sus ojos se abrieron y el niño se estiró como si se hubiera despertado de una larga siesta. El no recordaba nada del exorcismo y sólo tenía unos cuantos recuerdos aislados de los cinco años anteriores.

Joseph vivió otros trece años más, pero los tormentos y las aberraciones físicas que sufrió, le costaron caro a su cuerpo físico.

. . .

Ambos niños fueron completamente liberados de las entidades demoniacas que los poseían, y nunca más volvieron a sufrir nada similar en su vida. Nunca se presentó una teoría que pudiera explicar cómo fue que los niños terminaron poseídos.

5

Clara Germana Cele

EN 1906, una chica de 16 años llamada Clara Germana Cele dijo ser la víctima de una posesión demoniaca. Huérfana de origen africano, Clara era pupila en la Misión de San Miguel. Parte de los esfuerzos de las misiones cristianas luteranas en África, la Misión de San Miguel estaba localizada en la provincia de Natal en el sureste de Sudáfrica.

El luteranismo es una de las ramas más grandes del cristianismo protestante que se identifica con la teología y las enseñanzas de Martín Lutero, el teólogo alemán del siglo XVI.

Los comerciantes europeos fueron los primeros en traer el luteranismo al continente africano en el siglo XVII, pero no fue sino hasta inicios del siglo XIX que la causa misionera luterana se expandió de forma apropiada en África.

La causa misionera luterana, como aquella de otras ramas del cristianismo, incluye la predicación por los misioneros, la traducción de la Biblia en idiomas accesibles, así como la educación y el cuidado de los enfermos, viejos y jóvenes.

Fue al cuidado de una de estas organizaciones misioneras que Clara Germana Cele fue abandonada de bebé. Allí creció ella, rodeada de otros niños huérfanos, disfrutando de una infancia segura, aunque estricta y básica. Mientras estuvo en el cuidado de la misión cristiana luterana, Clara fue bautizada de niña.

Clara era, según todos los testigos, una niña bien portada. Esto cambió cuando entro a la adolescencia. Las monjas y los sacerdotes que la cuidaban notaron que la conducta de Clara había cambiado. La niña amigable y amable que habían criado por 16 años parecía desaparecer de la noche a la mañana.

. . .

Cuando tenía dieciséis años, de acuerdo con una confesión que le hizo al Padre Hörner Erasmus, Clara hizo un pacto con Satanás.

Según los sacerdotes y las monjas que cuidaron de Clara, este es el origen de su posesión.

De acuerdo con una monja, Clara era capaz de hablar y comprender una gran cantidad de idiomas durante su posesión, incluyendo francés, alemán y polaco, de los cuales no tenía conocimiento previo. La monja también dijo que Clara demostró habilidad clarividente. La niñera era capaz de revelar los secretos y las transgresiones más íntimas de las personas con las que antes no había estado en contacto.

La comunidad profundamente religiosa identificó tanto la habilidad clarividente como su nuevo conocimiento de idiomas como señales seguras de posesión demoniaca.

Aún más perturbador para la comunidad religiosa a su alrededor, Clara no podía soportar estar en la presencia de objetos benditos. Cuando estaba en su presencia, desataba un temperamento furioso en la niña. Durante estos ataques de ira, ella parecía tener una extraordinaria fuerza y ferocidad. Hay registros de Clara lanzando monjas a través de los cuartos de los conventos antes de atacarlas físicamente.

Las monjas también dijeron que cuando Clara estaba molesta, gritaba con una bestialidad salvaje en su tono. Esto sorprendía e incomodaba a aquellos que estaban a su alrededor. Una monja luego escribió que ningún animal pudo haber hecho tales sonidos. Ella comparó los gritos de Clara con una verdadera horda de bestias salvajes orquestada por Satanás en un coro infernal.

Como suele ocurrir en los casos de supuesta posesión demoniaca, también se dijo que Clara podía levitar. En ocasiones, la niña llegaba hasta metro y medio sobre el suelo. Algunas veces, Clara levitaba verticalmente y otras veces horizontalmente.

Es interesante que también se registró que Clara podía salir del estado de posesión demoniaca cuando se le rociaba agua bendita. De acuerdo con el manual luterano pastoral, esta es una señal evidente de que alguien está realmente poseído y no es que sufra de una enfermedad mental.

Después de que la comunidad llegó a esta conclusión, se dieron cuenta de que un exorcismo era la solución. El

Padre Hörner Erasmus, el confesor de Clara, y el director de la Misión de San Miguel, el Reverendo Mansueti, se prepararon a sí mismos para realizar el exorcismo a la niña.

Mientras comenzaba el acto de liberación, la primera acción de Clara fue tirar la Biblia de las manos de uno de los ministros. Cuando el hombre se agachó para recuperar su libro, Clara aprovechó la oportunidad para agarrar su estola y luego intentó ahorcar al ministro con ella.

Esta terrible tarea del exorcismo duró por dos días.

Eventualmente, los dos sacerdotes lograron obligar a que saliera el demonio de Clara. Dijeron que la niña estaba curada. No hay registro de que Clara sufriera efectos secundarios o que manifestara más señales o síntomas de posesión demoniaca. Se registra que Clara Germana Cele siguió viviendo una vida normal y tranquila.

6

Sophia, víctima de brujería

Durante los años veinte, un sacerdote en Italia estaba sorprendido cuando una joven, pero muy preocupada mujer le contó una historia que parecía increíble. Sophia era una joven atractiva, esposa y madre de tus hijos, que llevaba sufriendo 7 años a manos de entidades demoniacas. Antes de buscar la ayuda de un sacerdote, ella recurrió a todas las posibilidades; los médicos declararon un caso de histeria, pero no tenían una solución. La iglesia era su última esperanza, aunque no había descartado la opción del suicidio por la desesperación.

Sophia estaba horrorizada cuando se dio cuenta por primera vez de que algo estaba tomando su cuerpo en contra de su voluntad. Ella dijo que bailaba hasta que literalmente terminaba en el suelo por el cansancio, incapaz de detenerse hasta que la última gota de su energía hubiera sido utilizada.

En otras ocasiones, de repente comenzaba a actuar como un animal, saltando de silla en silla a cuatro patas, ladrando, maullando, gritando y rugiendo salvajemente, moviéndose por toda la casa como un animal enjaulado hasta que su cuerpo se rendía ante el cansancio. Una vez que estos incidentes de actividad terminaban, ella terminaba adolorida y con moretones.

Su marido dijo que llegaba a casa del trabajo y escuchaba los sonidos bestiales desde el interior de la casa, sabiendo que algo estaba mal. Cuando entraba, descubría que la casa estaba toda desordenada y Sophia estaba fuera de sí, saltando por toda la casa como un animal salvaje. Cuando ella se encontraba en ese estado, los niños salían a jugar o se iban a la cama, sucedía con tanta frecuencia que ya no los asustaba.

Sophia hacía otras cosas que no podía explicar ni tenía interés en hacerlo. Las personas la veían cantar arias de ópera que ella nunca había escuchado ni tenía forma de conocer. Además, ella parecía dar algo así como un sermón en un idioma extranjero a un grupo de personas invisibles que ni ella podía ver.

. . .

Algunas de sus manifestaciones dejaban ver una violencia latente.

Ella podía tener una abrumadora necesidad de morder y rasgar cualquier cosa que se encontrara en sus manos; en ocasiones, ella corría a la habitación suplicándole a su marido que le entregara algo. "¡Debo destrozar algo! ¡Debo destrozar algo, rasgar o, destruirlo!". Nada de la casa estaba a salvo de sus ataques. Para el momento en el que el exorcismo ocurrió, la familia tenía pocas cosas que lograron mantenerse a salvo de la destrucción de Sophia.

Si se le llegaba a atar, ella mordía y rasguñaba. Aparentemente, cuando se encontraba bajo el control de los demonios, Sophia podía manifestar una gran fuerza. En una ocasión, su esposo insultó a uno de los demonios y Sophia lo agarró por la garganta con tal ferocidad y fuerza que apenas logró escapar. En otras ocasiones, él llegaba y la encontraba escondida debajo de una de las mesas. Su cuerpo entero estaba tenso, como una bestia lista para saltar. Sus hombros estaban encorvados y su apariencia era similar a una bestia atrapada. Si se le llamaba por su nombre, una voz contestaba, "Soy Isabo y yo soy quien da las órdenes".

. . .

Después de que comenzaron los problemas, ella acudía a misa y pedía la bendición de los sacerdotes. Eso aliviaba sus síntomas por poco tiempo, pero no había encontrado ayuda duradera. Para su más terrible miedo, una de las manifestaciones más dramáticas que llegó a experimentar ocurrió cuando visitaba a un sacerdote parroquial en otra zona.

Le habían prestado un caballo y un carruaje y todo parecía normal hasta que se acercó a la capilla; el caballo se rehusó a acercarse. Sin darse cuenta de lo que hacía, Sophia bajó del carruaje y corrió la distancia que faltaba hacia la capilla, a través de un campo y sobre una colina. Los testigos describieron como si estuviera volando; sus pies no tocaron el suelo desde el momento en el que dejó el carruaje hasta que llegó a la capilla.

Los animales en la zona reaccionaron de forma violenta ante su cercanía, los perros ladraban frenéticamente y las gallinas cacareaban como locas mientras buscaban dónde refugiarse. Cuando llegó a la iglesia, sus pies regresaron al suelo y todas las personas en la plaza de la iglesia corrieron por el miedo. Sophia entró a la iglesia, fue bendecida por el sacerdote y mejoró bastante, aunque solo por un breve momento.

. . .

Después de otros tantos incidentes, se decidió que algo sobrenatural estaba ocurriendo y un grupo de sacerdotes, después de estudiar su caso con mucho cuidado y observando sus síntomas, concluyeron que era necesario un exorcismo.

Sophia fue trasladada para el exorcismo y la sentaron en una silla de madera.

Cuando comenzó el exorcismo, ella estiró su cuerpo como un felino que estuviera despertando de una siesta. Mientras comenzaba el ritual en latín, Sophia repentinamente se inclinó en la silla y saltó por los aires con una gran agilidad, aterrizando a una gran distancia. Mientras miraba hacia arriba, aquellos presentes para el exorcismo sintieron miedo.

Su rostro apenas era reconocible, pues los testigos describieron que tenía un aspecto horrible. Ella se comportaba de forma diferente, más como una bestia que como una mujer. Sus brazos colgaban flojos a sus costados, se inclinaba hacia adelante y sus rodillas estaban ligeramente dobladas. Una voz dura y desconocida salió de sus labios, pronunciando vulgaridades y blasfemias en contra de la iglesia, el Señor y todos los presentes.

. . .

Mientras continuaba, ella se liberó repentinamente de sus ataduras y atacó a los sacerdotes. Ella agarró su túnica con desesperación mientras de ella salía un horrible y atormentado grito. Los sacerdotes la rociaron con agua bendita y Sophia comenzó a retorcerse en el suelo por el dolor y el sufrimiento. Los testigos dicen que se comportaba como si le hubieran arrojado ascuas al rojo vivo y no agua bendita.

Todavía batallando en contra de su liberación, el sacerdote colocó el extremo de su estola sobre su hombro.

En un abrir y cerrar de ojos, ella estuvo de pie con gran habilidad, apresurándose para escapar y quejándose de lo terriblemente pesada que se sentía la estola.

Ella comenzó a vomitar, pero lo extraño es que no parecía comida. Mientras los demonios comenzaban a debilitarse, los gritos de ira fueron reemplazados con aullidos de terror.

Temblando y cuando la debilidad sustituyó a la agresión, colocándose en las posiciones bestiales de antes. Para el final de la primera sesión, Sophia estaba completamente exhausta y no recordaba nada de lo que había ocurrido.

. . .

En total, se necesitaron trece sesiones para que Sophia fuera liberada. Para el último exorcismo, su comportamiento era bastante diferente. Ella se sentó en silencio, su cabeza hundida en su pecho, su cuerpo rendido ante la derrota inminente. Conforme los sacerdotes comenzaron a hablar, ella se puso de pie lentamente, caminó hacia un colchón en el piso y lentamente se estiró sobre él. Para los testigos parecía un cuerpo. Los sacerdotes continuaron con el rito.

Sophia no movió ni un músculo, ni un sonido salió de ella.

Esto era completamente diferente de su conducta en todos los exorcismos anteriores.

Aun pareciendo un cadáver, ella comenzó a vomitar. Su cuerpo completo se sacudía con terribles espasmos. Todos los presentes sintieron una tremenda compasión por esa pobre mujer que está batallando por mantener su largo cabello oscuro lejos del extraño vómito y apenas tenía la fuerza suficiente para mantenerse en pie.

. . .

De repente, Sophia se puso de pie y se quitó el cabello de la cara, revelando unas mejillas demacradas, ojos inyectados en sangre dentro de cuentas cavernosas y lo que parecía una completa flacidez en todos sus músculos faciales. Su labio inferior colgaba y sus brazos delgados débilmente a sus costados. Lo que sea que se manifestara a través de ella tenía la apariencia de la derrota y hacía que Sophia fuera irreconocible para sus seres amados.

Luego, con voz baja, habló una voz, "me… voy". La barbilla de Sophia cayó hacia su pecho y los sacerdotes continuaron ordenando a los demonios que salieran. Luego habló otra voz; era la voz de Sophia, llena de felicidad y esperanza, "¡Estoy curada!", dijo en voz baja, mirando a todos a su alrededor. Ya no se encontraba esa extraña mirada en sus ojos y ahora tenía su rostro humano. Sophia había sido liberada.

Basándose en lo que dijo durante los exorcismos y algunos contenidos de lo que vomitó, se cree que Sophia fue una desafortunada víctima de brujería.

7

El caso de Giselle y el Sr. Smith

Giselle era una típica ama de casa británica de los años 1950 con una hija de dos años. Por desgracia, su vida entera iba a cambiar completamente después de haber pedido ayuda a un curandero local con algo menos que una reputación decente.

Giselle estaba cansada, pero eso era algo de esperar para la atareada madre de un niño pequeño. Su cansancio parecía ser algo más que poco natural, ya que también implicaba pérdida de peso, mareos y una gran apatía. Había acudido ya con varios doctores y todos sus análisis habían resultado normales.

. . .

Sin embargo, un doctor decidió que lo que ella necesitaba era pasar tres semanas en un lugar en el que pudiera obtener descanso total.

Aun así, el limitado ingreso de su familia lo prevenía e incluso si tuvieran el dinero era improbable que Giselle estuviera dispuesta a ir, ya que nunca había estado lejos de su familia por tanto tiempo.

Un día, ella estaba hablando con una amiga cercana, quien le sugirió que visitara al curandero llamado Sr. Smith. La amiga insistió que él había hecho tantas cosas buenas por su hijo después de que lo diagnosticaron con un problema de los nervios. Había una cosa que todavía intrigaba a su amiga; el Sr. Smith había cortado un mechón de cabello de su hijo y lo mantuvo entre sus dedos hasta que salió un pequeño hilo de humo azul de entre sus manos. Pero la amiga de Giselle estaba segura de que el Sr. Smith podía ayudarle a curar sus malestares.

Giselle decidió visitar al Sr. Smith la próxima vez que llamara al hijo de su amiga. Le contó este secreto a su madre. Su madre tenía dudas sobre los poderes del Sr. Smith y le aconsejó que no acudiera con él. Pero Giselle estaba desesperada y ella y su esposo se reunieron con el curandero.

. . .

La cita con el curandero comenzó cuando le preguntó a Giselle su nombre completo y el mes de su nacimiento, luego, al igual que con el muchacho, tomó un mechón de cabello de Giselle y lo sostuvo entre su pulgar y dedo medio. Lo sostuvo con firmeza y cerró sus ojos mientras Giselle miraba el humo azul que se elevaba desde sus manos, pero no olía a pelo quemado. Cuando abrió su mano, el cabello había desaparecido.

Su diagnóstico fueron nervios y le dijo que necesitaría de 2 a 3 sesiones con él para estar curada. Luego abrió un frasco que estaba a su lado; en vez de beber, remojo su pulgada en el líquido y observó su reloj en la mano opuesta, vigilando cuidadosamente el tiempo que su pulgar permanecía en el líquido. Luego retiró su pulgar y agarró la muñeca de Giselle. Mientras lo hacía, su rostro se volvió de un rojo brillante y su cuerpo completo se tensó. Él sostuvo el pulgar de ella por unos cuantos minutos.

Giselle se quedó dormida mientras el hombre sostenía su muñeca. Cuando la dejó ir, ella despertó. Luego dijo haberse sentido muy confundida, desorientada y embotada. También dijo haber sentido su cabeza más pesada de lo que debería y era difícil mantenerla derecha. El Sr. Smith le aseguró que todo estaba bien y dejó ir a la pareja.

. . .

Durante la cena de esa noche, Giselle dejó caer su tenedor y su cabeza se estrelló contra la mesa. Ella quedó profundamente dormida, se despertó un rato después quejándose de que todo se había desvanecido antes de quedarse dormida.

Ella le intentó explicar a su esposo que algo estaba mal, pues no era un sueño normal. Ella se sentía mareada y agotada, además de que tenía mucha, pero mucha hambre.

A la hora de dormir, ella comenzó a observar el techo, viendo algo que su marido no podía ver. Luego, recitaba extrañas palabras que su esposo no reconoció y comenzó a hablar de forma incoherente, ocasionalmente dejaba salir una risa burlona. Sus movimientos eran erráticos y sin sentido mientras le daba vueltas a la habitación, apuntando a objetos aleatorios. Cuando su esposo trató de detenerla, Giselle lo apartó violentamente.

La pareja visitó otra vez al curandero para que les ayudara con los extraños síntomas. El Sr. Smith le echó la culpa a su mes de nacimiento y dijo que debió tener más cuidado. En su experiencia, las personas nacidas en el mes de nacimiento de Giselle eran mucho más sensibles al tratamiento.

Giselle se quedó dormida mientras estaban hablando. El Sr. Smith les aseguró que todo estaba bien; simplemente debía ir a casa y descansar toda la noche.

Fueron a casa y, como predijo, Giselle comió, aunque se acabó una gran cantidad de plátanos en una sola sentada.

Luego se quedó dormida profundamente. A la mañana siguiente, ella se despertó sufriendo de confusión y sintiendo que estaba caminando en neblina.

Ella también comenzó a desarrollar severos dolores de cabeza, aunque nunca antes había tenido problemas con eso. En ocasiones, un terrible dolor la aquejaba y la dejaba llorando. En vez de recuperarse de la fatiga y el cansancio por el cual buscó al curandero, las cosas se volvieron mucho pero mucho peor. Giselle estaba angustiada y demacrada, pasaba cada vez más tiempo mirando el techo con los ojos muy abiertos y fijos.

. . .

De repente se quedaba dormida durante el día por una hora y media. Su marido describía como si estuviera muerta, ya que no respondía a ningún tipo de estímulo. Su familia pensó que era algo muy aterrador.

Al poco tiempo, Giselle comenzó a tener problemas con los terribles deseos por estrangular a su hija de dos años. Ella se resistía con todas sus fuerzas y, una vez que las ansias habían desaparecido, se ponía a llorar, horrorizada de que el pensamiento siquiera hubiera aparecido en su mente, y más por tener que combatir con esos deseos. Ella comenzó a sentir que era mejor que su hija no estuviera en casa por su seguridad hasta que toda esa pesadilla terminara.

Volvieron a visitar al curandero y el Sr. Smith le dio un tónico que supuestamente contenía sangre y hemoglobina de buey con unos cuantos cristales añadidos para que fuera más fácil para su sensible sistema. También le indicó que, si iba a trabajar con él, ella necesitaba estar más cerca, por lo que sugirió un hotel local.

Dos días después de haberse registrado, Giselle no estaba mejor. La mayoría del tiempo, ella no reconocía a su propio esposo y quería que se fuera. Se volvió cada vez más y más débil bajo el supuesto tratamiento del Sr.

Smith y poco tiempo después no fue capaz de comer ni dormir. Su marido la llevó a casa, abrumado y desesperado.

Los autores no habían sido capaces de ayudarla; los psicólogos intentaron y no encontraron nada malo, pero Giselle estaba aterrorizada de que se estuviera volviendo loca. Intentaron con otro curandero, pero solamente pareció funcionar por un breve momento.

Eventualmente, la pareja presentó cargos legales en contra del Sr. Smith. Esto llevó a más problemas y él amenazó con volver loca a Giselle si no retiraba los cargos. Ellos lo hicieron, pero la corte siguió con el caso basándose en que estaba practicando medicina sin una licencia.

Esto llevó a un nuevo y terrible aspecto de la pesadilla de Giselle. Ella comenzó a tener visiones de una horrible criatura reptiliana con un cuerpo escamoso, piernas que terminaban en enormes garras y la cara del Sr. Smith. Ella gritaba y gritaba pidiendo ayuda, a veces durante horas, pero nadie podía ayudarle.

. . .

Con el tiempo, se estableció una especie de delirio. Comenzó a hablar en distintos idiomas, moverse de forma errática y soltando horribles carcajadas que no eran suyas.

Cuando volvía a ser ella misma, no recordaba nada. Pero todo volvía a comenzar cuando veía nuevamente a la criatura.

Su familia sospechaba de una posesión demoniaca cuando vieron la forma en la que reaccionaba a los crucifijos, los rosarios y al agua bendita. Acudieron a la iglesia y se encontraron con un comprensivo sacerdote. Sus síntomas comenzaron a mejorar y descubrieron que él estuvo realizando pequeños exorcismos a distancia. Se convirtieron al catolicismo y comenzaron a acudir a misa, lo cual era difícil para Giselle, pero persistieron.

Una vez que la iglesia aprobó el exorcismo, se reunieron con el sacerdote que lo realizaría.

Ante el horror de su marido, ella saltó en el aire y comenzó a bailar sobre los dedos de sus pies, volando por toda la habitación frenéticamente cuando se encontró con el sacerdote.

. . .

Cuando comenzó el ritual, Giselle fue inmovilizada. Ella comenzó a gritar blasfemias, insultos y groserías. Cuando no estaba amarrada, ella terminaba en el piso y comenzaba a arañar el suelo, arrancándolo con sus dedos y uñas, pero parecía no darse cuenta del dolor.

Cuando aquellos que estaban ayudando con el ritual la levantaban, era como si pensara tres veces su peso normal. La única forma de moverla era arrastrándola y era extremadamente difícil incluso sostenerla. Este proceso siguió durante un total de quince meses. El exorcista descubrió que el curandero le había lanzado una maldición con la intención de hacer que se volviera su amante. Cuando ella no respondió de la forma que él esperaba, utilizó las fuerzas oscuras para intentar volverla loca. Pero fracasó.

Ella fue liberada de sus demonios y de la maldición. Siguió con su vida completamente normal.

8

Roland Doe

A FINALES de la década de 1940 en Estados Unidos, los sacerdotes católicos romanos realizaron una serie de exorcismos en un niño anónimo que era la supuesta víctima de posesión demoniaca.

Estos eventos, junto con los elementos tomados de las posesiones de Loudun, formaron la base para la novela de 1971, El exorcista.

Durante 1949, varios periódicos publicaron historias que hablaban de una supuesta posesión y exorcismo de un niño anónimo. En uno de esos periódicos se decía que un total de cuarenta y ocho personas fueron testigos del exorcismo, incluyendo a nueve jesuitas.

. . .

El sujeto de estas historias nunca fue identificado formalmente, en vez de eso, se refieren a él como Roland Doe o "Robbie Manheim". Roland nació en una familia alemana luterana. Vivió con su familia en Cottage City, Maryland, durante la década de 1940, cuando se supone que ocurrió la posesión demoniaca.

Roland creció como hijo único y dependía en gran parte de los adultos que lo rodeaban para que le hicieran de compañeros de juego y entretenimiento. La principal fuente de diversión de Roland era su tía Harriet. Harriet era una espiritualista experimentada y fue ella quien le presentó al joven Roland el tablero de la ouija, así como otras prácticas espirituales.

No mucho tiempo después de que la tía Harriet falleciera, la familia comenzó a experimentar ruidos extraños. Esto rápidamente se transformó en varios muebles grandes moviéndose por su propia cuenta. Muy pronto, los objetos comenzaron a volar a través de la habitación o levitaban. La familia se dio cuenta de que estos eventos solían suceder solamente cuando Roland, de 14 años, estaba cerca.

Preocupados y un poco intrigados, la familia consultó con médicos profesionales, pero no encontraron respuestas.

· · ·

Nada parecía físicamente mal con Roland. Conforme continuaron los eventos, la preocupada familia acudió con su pastor luterano, Luther Miles Schulze. Un hombre con gran interés en la parapsicología, Schulze les aconsejó a los padres de Roland que consultaran con un sacerdote católico.

Con la posesión aparentemente volviéndose más fuerte, se realizó el primer exorcismo. En la actualidad se asume que Roland pasó por una gran cantidad de exorcismos, aunque nunca se han puesto de acuerdo en el número exacto. El Padre Edward Albert Hughes, un sacerdote católico romano, llevó a cabo un exorcismo en la institución jesuita del hospital universitario Georgetown.

Durante el exorcismo realizado por Hughes, se dice que Roland pudo zafar una de sus manos fuera de sus ataduras y, sin que nadie se diera cuenta, rompió los resortes de la cama bajo el colchón. Luego utilizó esto como un arma, hiriendo el brazo del sacerdote. Esto hizo que el exorcismo fuera detenido rápidamente antes de que la ceremonia pudiera ser completada.

· · ·

Con Roland todavía bajo la influencia de la posesión demoniaca, sus familiares desesperados decidieron viajar a St. Louis. Allí, el primo de Roland contactó a un Profesor de la universidad de St. Louis, su nombre era Raymond J. Bishop. En su lugar, Bishop habló con William S. Bowdern, quien era un asociado de College Church. Ambos hombres, sacerdotes ordenados, visitaron a Roland en su casa.

Mientras estaban ahí, Bishop y Bowdern fueron testigos de que la cama temblaba, objetos que volaban y Roland hablando con voz gutural. También exhibió una aversión a cualquier cosa sagrada. Bowdern le pidió permiso al arzobispo de la zona para realizar otro exorcismo. Después de considerar la información presentada por Bowdern, el arzobispo otorgó el permiso.

Este exorcismo se llevó a cabo en el hospital Alexian Brothers, el cual llevaba mucho tiempo demolido, en el sur de St. Louis. Antes de comenzar el ritual, Bowdern le pidió a un compañero sacerdote, Walter Halloran, que ayudara. Un cuarto jesuita, William Van Roo, completaba el grupo.

Halloran luego decidió que durante el ritual aparecieron palabras como "maligno", "infierno" y otras marcas sobre el cuerpo de Roland. Durante la Letanía de los Santos, el colchón de Roland comenzó a sacudirse.

Roland también le rompió la nariz a Halloran.

Después de este exorcismo, Roland Doe fue declarado libre de cualquier espíritu maligno que estuviera habitando en su cuerpo. Se dice que luego siguió con una vida normal.

De acuerdo con el autor Thomas B. Allen, quien detalla la historia de Roland en su libro de 1992 *Poseído: la verdadera historia de un exorcismo*, Roland simplemente era un niño perturbador y no estaba afectado por ninguna aflicción sobrenatural.

Allen afirmó su opinión de que ahora no hay forma de saber definitivamente cuál era la causa de los síntomas de Roland. Allen sugirió que, en vez de estar poseído por los espíritus malvados, Roland pudo haber sufrido de problemas de salud mental. Sus síntomas pudieran ser el resultado de alguna forma de abuso. Otra opción es que Roland Doe simplemente pudo haber inventado todo.

. . .

De acuerdo con Allen, el Padre Walter H. Halloran también expresó su escepticismo sobre un evento potencialmente paranormal en torno al caso de Roland Doe antes de morir.

Otro autor, Mark Opsasnick, también ha cuestionado los argumentos sobrenaturales asociados con la historia.

Opsasnick sugiere que Roland Doe era un niño consentido, perturbado y molestón que hacía berrinches deliberados para lograr llamar la atención o permitir que faltara a la escuela.

Opsasnick dijo que el Padre Walter H. Halloran nunca escuchó que la voz del niño cambiara durante el exorcismo.

También menciona que nunca se revisaron las uñas de Roland Doe para revisar si él mismo había hecho las marcas sobre su cuerpo.

Respecto a los primeros exorcismos que involucraron al Padre Edward Albert Hughes, Opsasnick no pudo encontrar evidencia de que ese evento ocurriera. Durante sus investigaciones, Opsasnick se enteró de que mucho de lo que había sido aceptado como un hecho en realidad era mentira o, al menos, nunca había sido registrado apropiadamente.

De forma contraria, dos académicos cristianos, Terry D. Cooper, un profesor de psicología, y Cindy K. Epperson, profesora de sociología, dedicaron un capítulo de su libro *Maldad: Satanás, pecado y psicología* al caso de Roland Doe.

Desecharon cualquier explicación natural a favor de una perspectiva sobrenatural.

En el libro, ambos escribieron que defensores de la posesión creen que, aunque no son frecuentes, los exorcismos son necesarios para expulsar seres demoniacos y que los casos de posesión genuina no pueden ser explicados por la psiquiatría.

Cual fuera la verdadera causa de la posesión de Roland Doe, es probable que sea el caso más famoso en todo el mundo. La novela de William Peter Blatty, de 1971, *El exorcista*, se inspiró en este caso. A esto le siguió en 1973 la clásica película de terror del mismo nombre.

. . .

Más recientemente, en el año 2000, la película *Poseído* fue estrenada. Este nuevo relato de la historia está más apegado a los eventos documentados por Thomas B. Allen. Aunque estos son los ejemplos más conocidos, se han hecho muchos otros documentales y libros sobre el caso de Roland Doe.

En el 2010, una película documental, *El niño embrujado: el diario secreto del exorcista* siguió a un grupo de investigadores mientras se embarcaban en la búsqueda para encontrar el diario de William S. Bowdern.

9

Bill Ramsey, el exorcismo de un hombre lobo

Bill Ramsey era un hombre británico en sus cincuentas, compacto, ligeramente calvo y con una personalidad modesta. Medía 1.70 metros y pesaba alrededor de 70 kilos. Se ganaba la vida como carpintero y tenía una esposa y tres hijos a los que amaba. A primera vista, no había nada particularmente sorprendente sobre él; sin embargo, su tranquila apariencia exterior escondía un secreto por muchos años, una posesión demoniaca.

Los problemas de Bill aparecieron por primera vez cuando era un niño de 9 años en 1952. Bill acababa de regresar del cine y dijo que su mente estaba llena de imágenes de los soldados y héroes de la Real Fuerza Aérea. Estaba jugando en el jardín detrás de su casa cuando una extraña sensación, tanto física como mental, lo arrasó.

. . .

Su piel se sentía fría como el hielo y un olor horrible y nauseabundo inundaba sus sentidos. Cuando se puso de pie, todos sus pensamientos dejaron de existir, excepto por dos: huir y lobos.

Bill cayó al suelo. Por el miedo y la confusión, le gritó a su madre, quien lo escuchó desde la casa. Antes de que su madre y padre pudieran llegar a él, Bill perdió el control de su mente, emociones y cuerpo. Una cosa extraña lo llenaba y le proporcionaba una ira incontrolable y sin sentido. Mientras la furia inundaba su mente, parecía que la adrenalina llenaba su pequeño cuerpo y se puso de pie. Se giró y agarró lo primero que vio: un poste de madera de la cerca. Para la completa sorpresa de sus padres, lo sacó por completo del suelo con la cerca aún adherida. Esta demostración de fuerza era algo increíble para sus padres y ninguno de los dos pudo recrear el acto con la misma facilidad con la que lo había logrado Bill.

Después, el niño comenzó a balancear el mismo poste con venganza. Cuando sus padres lo alcanzaron, de repente dejó caer el poste, destrozó el alambre que sostenía la malla y comenzó a morder la malla.

. . .

Esto asustó tanto a los dos padres de Bill que, al instante, se refugiaron dentro de la casa.

Mientras Bill mordía la reja, luego dijo que la misma fría sensación recorría toda su piel otra vez cuando un gruñido salía desde lo más profundo de su ser.

Después de un tiempo, Bill se tranquilizó y regresó a la normalidad. Llamó educadamente a la puerta trasera de la casa, pidiéndole a sus confundidos padres que lo dejaran entrar. La familia no volvió a hablar del incidente en muchos años.

Mucho tiempo después, cuando Bill ya se había casado, comenzó a tener problemas con pesadillas recurrentes. En sus pesadillas, él se encontraba solamente a unos pasos detrás de su esposa, quien se giraba, veía a Bill a la cara, y luego se alejaba corriendo con el rostro transfigurado por el terror. Bill se despertaba justo en ese momento, empapado de sudor en cada ocasión y su mente confundida con una sensación paralizante de miedo. Estos sueños continuaron por dos años.

Una noche, después de que se detuvieron las pesadillas, Bill tuvo un tipo de sueño muy diferente. En su sueño, él se despertaba en la mitad de la noche al escuchar el fuerte jadeo de un animal salvaje en su habitación.

Solo unos cuantos segundos después, mientras Bill se deshacía de la pesadez del sueño en su mente, se daba cuenta de que él era el animal. Para el gran alivio de Bill, pasarían otros 15 años antes de que volviera a ocurrir otro extraño episodio.

El siguiente incidente que ocurrió comenzó en un pub inglés en el que Bill estaba bebiendo con unos amigos. De repente, la conocida sensación de frío lo arrasó, igual a cuando era niño. Sabiendo que algo estaba mal, rápidamente se excusó y fue directo al baño.

Ahí, mientras se inclinaba sobre el lavabo y se miraba en el borroso espejo, no pudo reconocer lo que vio. Bill esperaba ver su reflejo, pero, en su lugar, vio un lobo que miraba justo dentro de su alma. Sacudió la cabeza para intentar sacar la imagen de su mente, y volvió con sus amigos. La sensación helada había disminuido y Bill decidió que todo estaba bien.

Pero no era así.

. . .

Bill y un amigo se sentaron en el asiento de atrás del auto durante el camino a casa. Inesperadamente, Bill perdió el control de sí mismo, gruñendo lentamente y volviéndose hacia su amigo para morder su pierna salvajemente.

El conductor, bastante tranquilo, estacionó el auto en el acotamiento, salió del auto y comenzó a intentar sacar a Bill.

Bill no estaba en sus cabales y parecía estar atrapado en una como tormenta de ira. Después de varios minutos de forcejeo, Bill se tranquilizó y parecía completamente normal una vez más.

Nada más pasó por un año y medio, hasta que, un día, Bill comenzó a tener dolores de pecho y tenía miedo de que fuera a sufrir de un ataque cardiaco. Acudió a la sala de emergencias local y estaba a la mitad de una revisión de presión sanguínea cuando la misma sensación fría lo invadió.

Al momento, Bill cambió. Las enfermeras y el personal del hospital describieron los cambios físicos que Bill sufrió: sus hombros se inclinaron hacia adelante, sus manos y dedos se curvaron en la forma de unas garras, así como también mostraba los dientes como un animal.

Bill ya no era él mismo; algo inhumano lo había dominado… y tenía hambre.

Se arrojó hacia una de las enfermeras cercanas y la agarró del codo con los dientes, enterrando los dientes lo más profundo que pudo. Después, quitó a todas las personas de su camino y salió corriendo por el hospital, gruñendo y haciendo como animal, con sangre escurriendo por su boca. Varias personas intentaron detenerlo, solo para que los arrojaran a un lado con fuerza sobrehumana.

Se necesitó un grupo de personas para inmovilizar a Bill el tiempo suficiente para que la policía le pusiera las esposas y lo tranquilizara.

A la mañana siguiente, Bill volvía a estar normal; siguiendo el consejo del médico, Bill se registró voluntariamente en un hospital mental para estar en observación. Permaneció un breve periodo de tiempo, pero ya no experimentó más síntomas y firmó su salida del hospital.

. . .

En menos de dos meses, Bill volvió al mismo hospital con más dolores de pecho después de haber visitado a su madre.

Todo parecía estar bien hasta que la enfermera le informó a Bill que iba a buscar a un médico que le ayudara y Bill inmediatamente se puso violento, empujando a las personas y haciendo cosas similares.

Aparecieron cuatro oficiales de policía y, para su sorpresa, Bill se puso a cuatro patas como un perro y comenzó a gruñir y a soltar mordidas. Bill hirió gravemente a uno de los oficiales, provocando que terminara internado en el hospital por cuatro días. Para el momento en el que los policías pusieron a Bill en la parte de atrás de la patrulla, él ya había vuelto a la normalidad. Después de haber sido liberado de la estación de policía, Bill siguió con su vida sin problemas por un tiempo.

La siguiente ocasión en la que la policía se encontró con Bill, él se entregó voluntariamente en la estación de policía para pedir que lo encerraran antes de que le hiciera daño a alguien, como ya había pasado con la enfermera y el policía en el pasado. Bill tenía mucho miedo de ir más allá que sólo lastimar a alguien y que en verdad lograra matar a una persona.

. . .

Un oficial mucho más corpulento que Bill se acercó a su auto justo cuando Bill estaba a punto de perder el control.

El policía dijo que Bill tenía los ojos muy abiertos y fijos con una expresión maniática en el rostro. Bill le dijo al oficial: "el demonio está en mí y, cuando el demonio está dentro de mí, soy fuerte. Te voy a matar. Soy fuerte y tú vas a morir".

Este alto, musculoso y fornido policía terminó en el piso con el delgado Bill sentado sobre su pecho, mientras éste lo ahorcaba con sus manos. Cuando otros policías intentaron detenerlo, Bill los arrojó como si no fueran más que palillos de dientes. Se requirieron seis oficiales de policía para arrestar a Bill en esa ocasión. Su apariencia durante este hecho fue descrita por un policía como un "perro rabioso".

Una vez que lo tuvieron dentro de la celda, estuvieron horrorizados al ver que Bill forzaba su cabeza y su brazo derecho (hasta el hombro) a través de un pequeño hueco en la puerta, mientras gruñía y rugía todo ese tiempo. Era físicamente imposible que un ser humano normal hiciera algo como eso, pero los policías involucrados testificaron sobre este acontecimiento en los reportes policiacos que concernían a Bill Ramsey.

Fue convocado un doctor para sedar a Bill y permitir que los oficiales pudieran sacar la cabeza y el brazo de Bill sin lastimarlo. No se presentaron cargos y Bill fue liberado para que ingresara a un hospital mental, donde le hicieron análisis a lo largo de 28 días.

Al no poder encontrar problemas, Bill fue liberado una vez más.

Bill comenzó a tener miedo de que eventualmente iba a terminar en la cárcel o en un hospital mental por el resto de su vida, a pesar de todo lo que intentaron hacer por él los doctores y los psiquiatras.

La historia de Bill llegó a las noticias y eventualmente llegó a Bill y a Lorraine Warren, los famosos demonólogos y cazadores de fantasmas. Lorraine sintió la certeza del caso cuando leyó sobre la situación de Bill, su caso era el de una posesión demoniaca y ella y su esposo podían ayudar a que Bill fuera libre de esa horrible maldición. Ella estaba determinada en ayudar a Bill, aun cuando no lo conocía.

. . .

Los Warren se las ingeniaron para encontrar a Bill y aprovecharon sus contactos para realizarle un exorcismo en los Estados Unidos. Bill y su esposa tomaron un avión hacia Estados Unidos y se reunieron con los Warren en Connecticut. La noche antes de que ocurriera el exorcismo, Bill se descubrió a sí mismo intentando ahorcar a su esposa mientras ella dormía. Por suerte para todos los involucrados, eso no ocurrió.

El exorcismo comenzó con Bill amarrado a una silla y rodeado de seis guardaespaldas armados con pistolas paralizadoras, en caso de que algo sucediera y Bill se liberara. El exorcista, el Obispo McKenna, colocó su mano sobre la cabeza de Bill.

Bill dijo que sintió como si lo hubieran golpeado con un martillo y no recordaba nada a partir de ese punto. Los testigos dijeron que Bill entró en un estado como de trance. Durante los primeros treinta minutos del exorcismo, parecía que nada ocurría.

Sin embargo, repentinamente, Bill se transformó en hombre lobo frente a todos. Los músculos en la parte trasera del cuello de Bill comenzaron a hacerse más grandes, sus orejas se giraron hasta volverse puntiagudas y de sus labios salió un espeluznante aullido. Una gran ira parecía emanar de él mientras levantaba sus manos a la altura de su rostro y sus dedos se transformaban en garras. Sus labios retrocedieron, mostrando sus dientes, y comenzó a gruñir y a ladrar como lo había hecho en el hospital y en la estación de policía.

El Obispo McKenna sacó a los demonios en el nombre de Jesús. Bill se relajó; su rostro volvió a la normalidad. Mientras salía del estupor del exorcismo, Bill dijo que se sentía como una persona nueva. Todas las pesadillas y todas las manifestaciones se acabaron. Bill pudo continuar con su vida de forma pacífica y normal.

10

El caso de Anna

Momentos antes de que comenzara su exorcismo, la adolescente Anna se liberó de las ataduras que la mantenían amarrada al marco de la cama de metal, por lo que saltó de la cama y se quedó colgando de la pared desnuda sobre la puerta. Los presentes no pudieron encontrar una explicación razonable para cómo logró colgarse la joven sólo de sus manos y pies, tampoco pudieron explicar por qué se necesitó tanta fuerza combinada para bajarla de ahí.

Tampoco pudieron proporcionar una explicación razonable a cómo pudo ver hacia dónde saltar, puesto que sus ojos estaban firmemente cerrados cuando comenzó el exorcismo.

. . .

Además, los testigos no pudieron explicar la multitud de voces que emanaban de ella cuando sus labios estaban bien cerrados.

Anna no podía aclarar nada de la situación porque estuvo en estado de trance durante los exorcismos, sin poder recordar nada cuando estaba completamente consciente.

Anna había sido una joven de 14 años muy devota, con una reputación impecable, cuando las cosas comenzaron a salir muy mal para ella. Se cree que sus padres, quienes experimentaban con la brujería, la maldijeron. Hasta el día de hoy, nadie sabe con exactitud cómo terminó poseída.

Todo comenzó con su repentina incapacidad para participar en las actividades religiosas que habían sido una gran parte de su vida: rezar, acudir a misa, confesarse, leer la Biblia y recibir el sacramento. Anna dijo que había manos invisibles que impedían que participara en estas actividades.

Anna estaba aterrorizada, pues esas actividades que eran tan importantes y reconfortantes le fueron arrebatadas por algo, mientras cada vez perdía más y más el control de sus propias acciones.

. . .

A partir de ahí, las cosas sólo empeoraron. Anna comenzó a escuchar voces dentro de ella que le sugerían cosas que eran abominables y frecuentemente blasfemas.

Las voces y los ataques en su mente crecieron implacablemente y trataban de hacer que Anna hiciera cosas como atacar a su consejero espiritual o destruir su recipiente de agua bendita. Anna creía que se iba a volver loca.

Cuando las cosas llegaron a un punto de quiebre en los últimos años de su adolescencia, la Iglesia católica aprobó un exorcismo. Le pidieron a un sacerdote en la ciudad de Earling, Iowa, que permitiera que el exorcismo se realizara en su parroquia. Debido al estigma asociado con la posesión demoniaca, la iglesia que quiso ayudar a la niña mantuvo su nombre en secreto. El sacerdote estuvo de acuerdo con que se realizara el exorcismo y un grupo de monjas de la zona se ofrecieron amablemente su convento para que ahí se efectuara el exorcismo.

Cuando Anna llegó a Earling, ella luego dijo haber sentido una sensación casi irreprimible de ahorcar a todos los que estaban ahí para ayudarla, aun cuando ella desesperadamente quería ser libre de los demonios dentro de ella y apreciaba su amabilidad y sacrificio.

La misma noche en la que Anna llegó al convento, lo primero de lo que se dieron cuenta las monjas es que estaban lidiando con algo fuera de este mundo.

Una de las monjas preparó la escena de Anna con agua bendita; Anna reaccionó de forma violenta a la comida y se rehusó a comerla. En lugar de eso, se sentó en una silla y comenzó a hacer sonidos como de un gato grande y amenazador. Se le preparó otro platillo, sin agua bendita, y ese sí lo comió. Esa fue la última comida completa que comió Anna hasta que por fin terminó el proceso del exorcismo.

El exorcismo comenzó a la mañana siguiente después de que el equipo logró bajar a Anna de la pared. Una vez que fue amarrada otra vez a la cama por la seguridad de todos los presentes, escucharon una gran manada de animales salvajes gruñir de forma amenazadora. El sonido era extrañamente antinatural, como si viniera de un lugar muy lejano. Parecía ser un grito de batalla de los demonios que habían tomado posesión de Anna, aunque la boca y los labios de Anna seguían cerrados firmemente.

. . .

A lo largo del exorcismo, varios sonidos animales se pudieron escuchar. Los ruidos variaban desde un gran número de perros ladrando y aullando, hasta hienas, gatos y ganado. Parecía que lo que sea que estuviera poseyendo a Anna estaba determinado en perturbar a los presentes, pero también lograron alertar a las personas del pueblo de que el exorcismo estaba ocurriendo en el convento.

Los ruidos animales no eran los únicos sonidos que se escuchaban en la habitación; una gran cantidad de voces salían de los labios completamente cerrados de Anna. Algunas voces eran humanas, graves como la voz de un hombre, o agudas como la voz de una mujer. Otras voces eran bestiales, llenas de una furia increíble, mientras que otras voces se hacían eco de una terrible tristeza y desesperación. Sin embargo, ninguna de las voces se parecía a la voz joven y natural de Anna.

Las voces hablaban y comprendían idiomas que Anna nunca había escuchado mientras creció en su rural Iowa.

Por ejemplo, cuando fue bendecida en latín, ella comenzaba a echar espuma por la boca y se enfurecía.

. . .

La posesión de Anna también corregía y se burlaba de los sacerdotes cuando pronunciaban mal alguna palabra en latín durante los ritos y oraciones.

Era frecuente que los sacerdotes se dirigían a los demonios en alemán y latín, y las voces demoniacas respondían de igual manera, comprendiendo a la perfección lo que se había dicho.

Aquellas personas que participaron en el exorcismo de 23 días, no pudieron explicar cómo podía vomitar cubetas llenas de fluido de bilis unas 10 a 20 veces al día cuando ella apenas consumía alguna bebida. No siempre eran sólo fluidos, tampoco. En una ocasión, ella vomitó algo similar a macarrones y en otra ocasión eran hojas de tabaco cortadas, aunque ella no había consumido ningún alimento sólido en días.

Algunas veces ella escupía este misterioso fluido a las personas que intentaban ayudarle y, en otras ocasiones, ella lo tosía. Sin embargo, la mayoría de las veces salía como vómito en proyectil. El sacerdote que lideraba el exorcismo se limpiaba continuamente su vestidura, ya que parecía estar dirigido a él la mayoría de las veces.

. . .

A lo largo del exorcismo, los sacerdotes involucrados tuvieron problemas con situaciones inexplicables, desde sonidos misteriosos que los mantenían despiertos en la noche hasta problemas automovilísticos que los mecánicos no pudieron descubrir. También hubo problemas en sus parroquias respectivas que incluían un aumento dramático de malentendidos entre los asistentes y un malestar en la congregación.

El equipo de exorcismos se dio cuenta del terrible estado físico de Anna conforme progresaba el rito.

Su rostro se distorsionó al punto de ser irreconocible. Su cuerpo permaneció contorsionado y desfigurado incluso cuando ella no estaba en un estado compulsivo, y las personas presentes decían que esa no era la forma normal de su cuerpo. Cada vez estaba más demacrada y tuvieron que alimentarla con líquidos por medio de un tubo de alimentación.

Irónicamente, durante los exorcismos, su cuerpo frágil y pequeño de repente se hinchaba hasta tener un tamaño enorme que parecía que con sólo tocarlo iba a reventar, aunque luego volvía a su tamaño natural. La hinchazón hacía que su peso incrementara repentinamente, lo que provocaba que las patas de hierro de la cama se curvaran hacia fuera, y su abdomen y extremidades estaban rígidas como piedras. Seguramente, eso causó muchos problemas en su cuerpo ya debilitado.

Anna perdió mucho peso, su cabeza parecía ser demasiado grande para su delegado cuerpo. Sus ojos saltones estaban enrojecidos con una expresión que parecía brillar, mientras sus labios estaban inflamados, resquebrajados y sobre salían de su boca de una forma lamentable.

Parecía improbable que Anna sobreviviera físicamente al proceso del exorcismo.

Cuando Anna estaba descansando de los exorcismos, ella tenía terribles visiones sobre batallas entre los poderes de la oscuridad y los poderes de la luz. También tenía visiones de un grupo de rosas blancas en el techo, las cuales también eran visibles para algunas monjas en la habitación durante esos momentos. Un diferente tipo de visión, una de pura esperanza y gentileza le habló y la animó para sobrevivir al exorcismo. Esto fue algo prometedor para Anna y para el equipo del exorcismo que habían trabajado tanto para liberarla.

Como ya se mencionó, el exorcismo duró un total de 23 días, aunque fueron diez días antes de que se hiciera cualquier progreso notable. Los exorcistas se encontraron con muchos demonios, algunos más agresivos y fuertes que otros. Los demonios odiaban cualquier cosa relacionada con el cristianismo y tenían un odio especial en contra de los sacerdotes y la Madre superiora del convento. Día tras día, los demonios atormentaron a Anna y el equipo de exorcismos batalló en contra de vómito, colores repulsivos, blasfemia, hostilidad y horribles sonidos que llenaban la habitación a lo largo de tres semanas.

Finalmente, en el día 23, sucedió algo maravilloso. Con una sacudida repentina, Anna estaba de pie. Ella se había alejado de los que la retenían en el colchón y estaba de pie, solamente sus pies eran los que tocaban la cama. Tan rápido como se levantó, volvió a colapsar en el colchón.

Un sonido penetrante y haciendo eco se pudo escuchar repitiendo los nombres que los demonios le habían dado a los sacerdotes, añadiendo las palabras "al infierno, al infierno". Los ojos y la boca de Ana se abrieron y su voz por fin habló detrás de una sonrisa: "¡Por fin he sido liberado de una terrible carga! ¡Piedad, Dios mío! ¡Alabado sea Jesucristo!".

Anna fue liberada y nunca más tuvo problemas con los demonios.

11

Anneliese Michel

ANNELIESE MICHEL NACIÓ en 1952 en Alemania occidental. La joven Anneliese creció rodeada de su familia profundamente católica. Por desgracia, no fue una infancia completamente feliz, pues Anneliese sufría de epilepsia.

También tenía historial de problemas de salud mental.

A la edad de 16 años, en 1968, Anneliese sufrió de lo que se describe como su primer episodio. Durante este episodio, ella quedó inconsciente. Después, esa misma noche, ella se despertó al sentir que algo o alguien estaba presionando su pecho hacia abajo. La adolescente, en pánico, sintió que una fuerza invisible trataba de inmovilizarla.

· · ·

Esto fue seguido rápidamente por un segundo episodio. Naturalmente, esto preocupó a sus padres, quienes buscaron ayuda médica para su hija. Los dos médicos a los que consultó la familia estaban familiarizados con el historial médico de Anneliese. Estuvieron de acuerdo que los episodios que sufría Anneliese podrían estar relacionados con sus ataques de epilepsia.

Sin embargo, los análisis cerebrales y otros exámenes realizados a la adolescente salieron normales. Anneliese continuó sufriendo estos episodios inexplicables por los siguientes años.

Cinco años después, en la primavera de 1973, la condición de Anneliese se volvió a deteriorar. Comenzó de forma poco notoria. Anneliese dijo que podía escuchar sonidos de golpeteos en su habitación. Las hermanas de Anneliese también podían escuchar el ruido.

Aunque era algo extraño, sus padres asumieron que había una explicación perfectamente natural. Ciertamente no esperaban que estuviera conectado con los problemas médicos de Anneliese. Al menos, no al inicio.

. . .

En poco tiempo, lo que habían sido golpes suaves, se volvieron más intensos.

Luego se volvió una voz, una que sólo podía escuchar Anneliese. La voz, según decía ella, la estaba condenado al infierno.

Para añadir más preocupación a sus padres, la madre de Anneliese dijo que, en una ocasión, había visto a la joven quedarse viendo a una imagen de la Virgen María. Aunque, por sí solo no parecería algo inusual, su madre estaba horrorizada al ver los ojos de su hija volverse completamente negros.

En la siguiente cita con el médico, Anneliese le confesó al médico que ella veía con frecuencia unos demonios.

También sentía que el demonio estaba dentro de ella.

Para septiembre de 1973, la familia Michel había perdido la fe en la profesión médica. Los varios médicos y expertos que habían visto no habían sido capaces de ayudar a Anneliese ni de ofrecer alguna esperanza de que su sufrimiento pudiera ser solucionado.

. . .

En lugar de eso, la madre de Anneliese, desesperada, acudió a un sacerdote, el Padre Alt.

A pesar de la intervención de muchos y experimentados profesionales médicos y figuras religiosas a lo largo de los siguientes dos años, la condición de Anneliese siguió deteriorándose. Casi no dormía y comenzó a comer arañas y moscas.

En cierto punto, Anneliese incluso comenzó a beber su propia orina. A pesar de estar en tan mala condición física, en ocasiones, Anneliese manifestaba lo que se describe como fuerza sobrehumana.

Al borde de la locura, los padres de la joven estuvieron de acuerdo con el exorcismo. Ciertamente parecía que su hija estaba manifestando las señales clásicas de la posesión demoniaca, algo que la misma Anneliese ya había sugerido en sus momentos más lúcidos. Los tratamientos de medicina convencional no estaban resultando de mucha ayuda.

De acuerdo con las reglas de la Iglesia católica, el Obispo Josef Strangl autorizó el proceso de un exorcismo formal de parte de la Iglesia. El 24 de setiembre de 1975, el

Padre Renz, un experimentado sacerdote católico, realizó el primer exorcismo en Anneliese. Renz realizaría muchas otras ceremonias como esta en un intento para ayudar a curar el sufrimiento de la joven.

El Padre Renz permitió que unas cuantas sesiones realizadas con Anneliese fueran grabadas. Cuando se escuchaban las grabaciones, las personas que conocían a Anneliese estaban de acuerdo con que su voz era irreconocible.

Durante una de las sesiones de exorcismo, Anneliese le dijo al Padre Renz que uno de esos demonios era Valentin Fleischmann. No solamente era una extraña declaración, sino que para el Padre Renz y otros sacerdotes involucrados era algo perturbador.

Estos hombres sabían que Valentin Fleischmann había sido un sacerdote cuya conducta inmoral había ocasionado que la iglesia lo excomulgara. Aunque los Padres conocían la historia de Fleischmann, Anneliese no tenía razón para siquiera conocer el nombre, menos aún los detalles íntimos sobre su vida que ella comentó felizmente al Padre Renz.

. . .

A lo largo de los siguientes doce meses, Renz siguió realizando exorcismos en Anneliese en un intento para liberarla de sus demonios. A pesar de los exorcismos y del tratamiento médico continuo, la condición de Anneliese siguió empeorando.

Ella comenzó a rechazar la comida, diciéndole a las personas que no tenía permitido comer.
A esto le siguió el rechazo al tratamiento médico. Eventualmente, Anneliese Michel murió de hambre. Ella logró soportar 67 exorcismos.

Una autopsia realizada en el cuerpo de Anneliese reveló que ella había muerto de malnutrición y deshidratación. Las autoridades concluyeron que éste era el resultado directo de los exorcismos que había soportado. Los padres de Anneliese fueron arrestados junto con los oficiales católicos que habían sido responsables de llevar a cabo y autorizar los exorcismos.

El juicio que le siguió fue bastante anunciado y, sin ser una sorpresa, atrapó la atención del público alemán. Los padres de Anneliese y los sacerdotes católicos eventualmente fueron condenados por asesinato. Todos aquellos que fueron considerados culpables fueron sentenciados a seis meses en la cárcel.

. . .

El consenso general deducido por aquellos que habían observado el caso de Anneliese desde fuera y no estuvieron involucrados directamente es que Anneliese Michel sufría de una serie de problemas de salud mental complejos y severos.

A pesar de los alegatos de que era víctima de posesión demoniaca, es casi seguro que ese no fuera el caso.

La triste historia de Anneliese Michel existe en la conciencia pública. En el 2005, su historia fue la inspiración para la película *El exorcismo de Emily Rose*.

12

Michael Taylor

MICHAEL TAYLOR ERA el típico hombre de una típica familia británica de principios de 1970. Vivía en una pequeña comunidad en el pueblo de Osset, donde todos sabían todo de todos. La familia de Taylor consistía en su esposa Christine, sus cinco hijos y un perro que habían adoptado. Sus vecinos luego describieron a esa familia como la más feliz y a Michael como el más educado.

La única cosa que era peculiar sobre ellos en Osset, era su falta de afiliación religiosa. Esto se debía a que la mayoría de los miembros de esta pequeña comunidad pertenecían a alguna iglesia o parroquia, pero los Taylor no acudían a misa la mañana de los domingos. Eso fue hasta que le presentaron a Michael una nueva secta religiosa que había sido creada en esa área.

. . .

El Grupo de la comunidad cristiana no era aprobado ni reconocido por ninguna iglesia; en su lugar, era un movimiento religioso alternativo liderado por una mujer de 21 años llamada Marie Robinson. Al conocer a Marie y a su congregación, el antes agnóstico Michael dio un giro de 180 grados y se volvió un cristiano muy dedicado, completamente debo todo al Grupo de la comunidad cristiana.

Parecía estar enamorado de la predicación y la doctrina, pero algunos también dirían que estaba enamorado de Marie.

Para el disgusto de Christine, Marie y su grupo comenzaron a acudir a la casa de los Taylor para predicar y rezar con Michael. Pasaban largas e intensas horas rezando, y esas acciones incluían prácticas evangélicas como hablar en lenguas. En una de esas reuniones, Christine perdió la paciencia y confrontó a Michael con sus sospechas de que el interés en Marie era más carnal que espiritual.

Michael inmediatamente cayó en un ataque de ira, pero en vez de dirigir su enojo a su esposa, repentinamente se giró a Marie y comenzó a gritarle y a atacarla físicamente. Luego dijo haberse sentido como en un estado de trance y, tan extraño como puede sonar, él tuvo una visión en la que él y Marie estaban desnudos.

Ya sea que Michael tenía rencores contra Marie o no, aparentemente este no fue un buen tipo de desnudo.

Cuando vio su forma desnuda, él sintió una gran maldad emanando de ella. Fue durante este intercambio, que al parecer sólo fue presenciado por Marie y él, que comenzó la batalla espiritual entre Michael y la maldad que envolvía a la pastora de la congregación. Como luego testificó Michael, "yo peleaba contra la maldad, pero me superó. Había buscado el conocimiento sobre mí mismo y sobre mi ser en la tierra y ella intentó proporcionármelo, pero ésta no es la forma".

María tenía una perspectiva completamente diferente de los eventos. Desde su perspectiva privilegiada, Michael parecía estar poseído por un demonio. Su rostro se contorsionaba con una ira bestial, lo que la hacía querer gritar de miedo y rezar a Dios para que la liberara. Luego testificó lo siguiente: "comencé a gritarle por miedo. Comencé a hablarle en lenguas, Mike también me gritó en lenguas. Simplemente nos gritamos el uno al otro".

. . .

Se requirieron de dos hombres fuertes del Grupo de la comunidad cristiana para retener a Michael y mantenerlo bajo control.

Aquellas personas reunidas comenzaron a hablar de demonios y exorcismos, y se llevó a cabo una ceremonia durante toda la noche para liberar a Michael de sus demonios.

Terrible experiencia, mientras las personas rezaban por Michael y se les ordenaba a los demonios que salieran, él aullaba como un animal salvaje e intentaba morder a cualquiera que se acercara. El grupo luego dijo que lograron expulsar no menos de 40 demonios de Michael. Entre ellos había espíritus demoniacos de "lascivia, bestialidad, incesto y blasfemia". Después de la sesión maratónica del exorcismo, el grupo estaba completamente exhausto y se retiraron por la noche.

Sin embargo, algunos de los miembros luego dijeron que había terminado demasiado pronto. Al menos tres demonios seguían dentro de Michael, ellos dijeron que eran los espíritus de "locura, violencia y asesinato". Y después de lo que ocurrió después, ciertamente se arrepintieron de no haber aguantado lo suficiente para deshacerse de sus últimos demonios.

. . .

Una participante de la congregación, llamada Margaret Smith, recuerda que antes de que el exorcismo fuera concluido, ella recibió una advertencia de Dios respecto a que los demonios que seguían dentro de Michael harían que matara a su esposa Christine.

Ella rogó para que se realizara el exorcismo completo de una vez, pero no le hicieron caso y el resto del exorcismo de Michael se pospuso para el día siguiente. Michael y Christine, quien estaba presente durante todo el rito, recibió las instrucciones de ir a casa y dormir un poco.

Esa fue la última vez que alguien vio a Christine con vida, ya que después de unas cuantas horas después, ella fue asesinada brutalmente por su propio marido.

Aunque todos los asesinatos son crueles, la expresión brutalmente es especial para este caso debido a la descripción de lo que ocurrió. Aunque no está completamente claro lo que hizo Michael o cómo se desencadenó el ataque una vez que él y su esposa estuvieron dentro de su casa, en algún punto, él la atacó completamente furioso. La agarró con sus manos desnudas y le arrancó la lengua, los ojos y luego procedió a arrancar el rostro de su cráneo con una furia animal.

. . .

Molesto con los ladridos de su perro, el hombre demoniaco centró su atención en la mascota de la familia, saltó sobre el animal asustado y, literalmente, le arrancó extremidad por extremidad. Las patas del animal fueron arrancadas, y luego le siguió la extracción de sus ojos e incluso de sus dientes.

Dejando los destrozados restos de su esposa y perro atrás, Michael salió de su casa y caminó por la calle, completamente desnudo, cubierto de la sangre y vísceras de sus víctimas. Luego comenzó a gritar que era la sangre de Satanás lo que estaba salpicado sobre él, lo que atrajo la atención de un policía cercano que estacionó su patrulla para investigar la conmoción. El oficial llamó a una ambulancia e hizo que se llevarán a Michael, luego se reunió con otro policía que llegó a la casa de los Taylor para darse cuenta de la terrible escena.

Cuando fue interrogado, Michael dijo que no recordaba nada de lo que había hecho. Le dijo a los detectives que había sido dominado por una fuerza maligna que le dio las instrucciones de matar a cualquier ser vivo que estuviera dentro de la casa. Michael dijo que amaba a su esposa y dijo no ser el responsable de su muerte. Mientras las autoridades investigaban los detalles de este extraño caso, Michael fue llevado a un hospital mental de alta seguridad para ser observado. Al ser declarado cuerdo, fue llevado a juicio en marzo de 1975, pero al final fue declarado legalmente loco.

En vez de ir a prisión por el resto de su vida, Michael fue condenado a una serie de hospitales psiquiátricos antes de ser liberado unos cuantos años después.

Uno pensaría que es sorprendente que un asesino tan brutal como él fuera liberado, pero hubo poca resistencia de la comunidad local; parecía que la mayoría de las personas estaban dispuestas a olvidar todo el asunto.

Por supuesto, eso era más fácil en los años setentas cuando no había redes sociales para recordarle a todo el mundo de las acciones demoniacas de Michael, por lo que pudo seguir la mayor parte de su vida fuera de la atención pública.

No obstante, todavía tuvo problemas. Michael intentó suicidarse en varias ocasiones, una de esas veces saltando de un puente y lesionándose gravemente las piernas y la espalda.

. . .

Volvió a aparecer en los encabezados en el 2005 cuando fue acusado de acoso sexual a una niña. Terminó considerándose culpable y fue sentenciado a tres años. Irónicamente, en la actualidad es más conocido probablemente por esta relativamente pequeña ofensa que por su horrible crimen anterior.

13

Clarita Villanueva

CLARITA VILLANUEVA FUE una joven atractiva y pequeña que tuvo una vida difícil en Filipinas durante los años en cuenta.

Se puede decir que era una joven que no desconocía lo paranormal, puesto que creció con una madre que realizaba sesiones espiritistas y predecía el futuro, ya que era una vidente de profesión. No obstante, eso no ayudó a que Clarita pudiera defenderse cuando se enfrentó con lo demoniaco.

Cuando su madre murió, Clarita tenía 12 años y se quedó sola en el mundo. Tuvo que aprender a valerse por sí misma y comenzó a vagar por las calles. Sin embargo, rápidamente terminó en el mundo de la prostitución ya que no había muchas opciones.

Eventualmente se volvió una a ver prostituta y se dedicó a la ciudad capital, Manila, para tener más ganancias. Aun así, ella no era la única que debía ganarse la vida con esa profesión en esa ciudad, por lo que tuvo que hacer lo necesario para sobrevivir.

En 1953, cuando Clarita tenía 18 años, la policía la arrestó por prostitución y vagancia. La encerraron en la prisión y fue entonces cuando las autoridades descubrieron que había algo extraño y perturbador con la joven mujer.

Clarita confesó que había sido atacada varias veces por dos criaturas durante nueve días mientras estuvo en la prisión. Los oficiales dijeron que los reclamos se debían a una enfermedad mental y no le pusieron mucha atención. Esto pasó hasta que comenzaron a aparecer marcas de mordidas en su cuerpo, principalmente en el cuello.

Cuando estaba siendo observada por el médico a cargo y otros profesionales en la oficina del alcaide de la prisión, Clarita fue víctima de un ataque misterioso que todos pudieron observar. Ella comenzó a retorcerse, reír y gritar como si sintiera mucho dolor. Los testigos entonces observaron que unas marcas de mordidas comenzaban a aparecer en su cuerpo sin que nada ni nadie visible la tocara.

Igualmente aparecían las marcas de mordidas cuando una persona tocaba su brazo, al retirar la mano, la mordida se hacía visible. Eran como moretones, pero tenían la peculiar forma de una mordida.

En algún punto, los testigos dijeron haber visto a Clarita hacer un movimiento como de jalarle el pelo a algo que los demás no podían ver y, luego de eso, pudieron ver que tenían mechones de pelo negro, grueso y lacio en sus manos. El cabello coincidía con las descripciones de los agresores que antes había mencionado Clarita.

En cierta ocasión, antes de ese ataque, Clarita había descrito a uno de sus atacantes como un hombre alto que tenía cabello grueso y rizado en su cabeza, pecho y brazos. Igualmente dijo que tenía dientes muy largos y similares a los de un perro, sus ojos eran penetrantes, como si pudieran ver dentro de su alma. El otro atacante que era una criatura bajita, de unos 60 centímetros de alto y vestía con una capucha negra, tenía ojos abultados y sus dientes eran afilados como los de un vampiro.

Según dijo Clarita, estos individuos tomaban turnos para morderla. El más pequeño se subía sobre su cuerpo para morder en otras partes de su piel.

Los lugares que elegían esos seres resultaban imposibles para que ella misma se hubiera mordido, por lo que se sabía que no eran mordidas autoinfligidas. Se podían ver en la parte superior de su torso, en brazos y en el cuello. Las mordidas dejaban moretones descoloridos y, a veces, también dejaban un rastro húmedo como de saliva.

Mientras siguieron esos ataques, la historia de Clarita llegó rápidamente a los medios y fue el encabezado de muchos periódicos en Filipinas, Estados Unidos y, eventualmente, en todo el mundo. Los periódicos mostraban una fotografía de la joven y atractiva mujer de pelo negro con el rostro contorsionado por la angustia y los ojos llenos de desesperación. Se podía imaginar el miedo y la impotencia que sentía la pobre mujer que no tenía a nadie en el mundo.

. . .

Otra fotografía que publicaron los periódicos mostraba a una joven y hermosa mujer con la boca abierta por el dolor, los ojos cerrados con fuerza y, según se informaba, estaba sufriendo una convulsión.

Luego de eso, Clarita comenzó a entrar en estados de trance, a los que le seguían convulsiones. Esto comenzó a ocurrir cada vez con más frecuencia.

Durante sus trances, los profesionales médicos, quienes llegaron a ser 100 testigos diferentes, intentaron tratarla y analizarla al picar la con agujas, pero ella no manifestaba ninguna reacción. Era como si el cuerpo de Clarita estuviera presente, pero ella no.

Algunos de los médicos insistían en que los ataques de Clarita no eran más que una manifestación de locura o histeria. Otros llegaron a decir que las marcas de las mordidas eran pigmentaciones en la piel causadas por su mente, aunque luego de eso no podían explicar la forma en la que su mente causaba esas marcas.

Otros testigos de los mismos incidentes no estaban de acuerdo con los médicos, ya que afirmaban que había algún ser visible únicamente para Clarita y que la estaba atacando, mientras que ninguno de ellos podía hacer nada para ayudarla. También se mencionaba la humedad como de saliva que aparecía alrededor de las marcas de mordidas, y alegaban que era una prueba más de que ese acontecimiento era algo sobrenatural.

También hubo escépticos que acusaban a Clarita de montar todo un espectáculo para llamar la atención. A uno de esos hombres en especial, Clarita le lanzó una maldición.

Según los testigos, los ojos anormalmente grandes y expresivos de Clarita se estrecharon y se veían similares a los ojos de una serpiente. Mientras tenía esa mirada, le dijo al escéptico que iba a morir. En efecto, al día siguiente, el hombre murió. Aun así, no se puede comprobar si fue efecto de la maldición o una coincidencia.

Ese hombre no fue la única víctima de las supuestas maldiciones de Clarita. Uno de los carceleros que había pateado brutalmente a Clarita por un supuesto mal comportamiento, recibió su merecido. Los testigos dicen que ella se giró hacia el guardia y le murmuró las mismas palabras. Cuatro días después, el carcelero estaba muerto.

. . .

El miedo llenó las calles de Manila puesto que las personas llegaron a creer que Clarita no era una víctima de posesión demoniaca y que, más bien, se trataba de una bruja muy poderosa. Varias personas que la acusaron de brujería se respaldaron con el hecho de que su madre había sido adivina.

Aunque muchos países e instituciones ofrecieron ideas y tratamientos para curarla, nadie acudió realmente para ayudarla. Después de varias semanas de tormento, un ministro americano por fin llegó a rescatar a la pobre Clarita. Lester Sumrall era un ministro que se dedicaba a construir iglesias locales en Filipinas.

Este hombre sintió que Dios lo había llevado a ese país para ayudar a la joven, por lo que se acercó al alcalde y le pidió permiso para visitar a Clarita, alegando que se trataba de una posesión demoniaca.

El ministro Sumrall era un protestante, por lo que no realizó el típico exorcismo católico romano, pero, como ya hemos visto con otros casos de exorcismos, es un procedimiento que existe en muchas religiones. Conforme empezaba a enfrentarse a los demonios en el nombre de Jesucristo, ellos comenzaron a hablar por medio de Clarita con dos voces distintas, las cuales correspondían a los atacantes que Clarita había mencionado antes. Luego de unos cuantos días de exorcismo, Sumrall estaba seguro de que Clarita había sido liberada de los poderes malignos, aunque volvieron una vez más y el ministro volvió a enfrentarse a ellos en el nombre de Jesús. Finalmente, logró expulsar a los demonios por completo y alentó a Clarita a llevar una vida más religiosa y modesta para encontrar la salvación y prevenir futuras posesiones demoniacas.

Y así fue como Clarita fue liberada de los demonios por el resto de sus días. Fue una miembro activa de la iglesia en Filipinas, y luego se casó y tuvo una familia sin tener más problemas con seres demoniacos.

14

El doctor Richard Gallagher y su paciente, Julia

Se sabe que algunos casos de posesión demoniaca son confundidos con enfermedades mentales y en casos psiquiátricos, pero, en esta ocasión, existe el testimonio de un psiquiatra certificado, el Dr. Richard Gallagher. Este médico publicó un artículo en el que hablaba de sus experiencias con una paciente, con el seudónimo de Julia, puesto que estaba completamente convencido de que la mujer estaba poseída por un demonio.

Julia era una mujer de cuarenta y tantos años, inteligente y autosuficiente, no se podía decir que fuera una mujer ingenua ni adoctrinada. En una conversación normal, no había nada que te hiciera sospechar de que estaba controlada por una fuerza paranormal, puesto que parecía hablar con bastante lógica y cordura. Según la opinión

General, Julia era una mujer normal, inteligente y bien educada.

Lo único que resaltaba sobre Julia era su apariencia algo extraña, ya que siempre utilizaba ropa negra y mucho maquillaje oscuro.

Julia era una sacerdotisa satánica autoproclamada y había participado en varios cultos satánicos a lo largo de su vida.

Ciertamente, esta elección de profesión podía ser el origen de su posesión demoniaca, e incluso ella lo admitía.

Al inicio, ella acudió a la iglesia católica cuando sus síntomas comenzaron a manifestarse. Esto se debía a que Julia fue educada como católica por sus padres, aunque lo rechazó más tarde en su vida. Aun así, creía que era su mejor opción. Uno de los sacerdotes que trabajaba en su caso le pidió ayuda al Dr. Gallagher, como normalmente deberían hacer los sacerdotes en caso de personas que dicen estar poseídas.

. . .

Algunos de los aspectos más escalofriantes de la posesión de Julia eran las voces que hablaban a través de ella. Sonaban como voces profundas, guturales y amenazantes y también podían sonar como voces agudas y femeninas. Todas esas voces eran diferentes a la voz normal de Julia y cada una tenía su forma de expresarse y tonalidad.

Las voces reclamaban posesión sobre Julia y se burlaban de aquellos que querían ayudarla. Utilizaban muchas groserías y vulgaridades al hablar. Por alguna razón, todos esos seres que hablaban a través de Julia manifestaban un gran odio y hostilidad, además de que sabían cosas perturbadoras y secretas sobre las personas que estaban cerca de Julia.

Igualmente, las voces podían entender y comunicarse en otros idiomas aparte del inglés natal de Julia; eran fluidas en español, latín y griego. Como en otros casos, estos seres demoniacos disfrutaban burlarse y distraer a los Padres y a las monjas utilizando otros idiomas. Su tono siempre era abusivo y grosero, adornando sus amenazas con perjurios y blasfemias. Todo eso era un gran contraste con la forma normal de hablar de Julia o el contenido de sus conversaciones. Tampoco era el tono ni las expresiones que ella utilizaba normalmente.

. . .

En una ocasión, Julia le mencionó a un miembro del equipo de exorcismos, "aquellos gatos sí que tuvieron una tremenda pelea anoche, ¿no?". Eso podría parecer normal en cualquier otro contexto, pero ese miembro del equipo vivía en otra ciudad, donde estuvo la noche anterior, y se despertó en la madrugada porque sus dos gatos, que normalmente se llevaban bien, tuvieron una ruidosa pelea.

Al parecer, lo que sea que se encontraba dentro de Julia podía saber sobre la vida diaria de las personas presentes e incluso pudo ser quien lo provocara. Sin duda fue algo inquietante para su interlocutor.

En otra ocasión, Julia habló con otro miembro del equipo sobre su familiar difunto, con información respecto a su relación, personalidad y el tipo de cáncer que había sufrido. Julia no tenía información previa respecto a la familia del miembro del equipo ni se podía decir que lo conociera. Así pues, en cerca controlaba a Julia trataba de intimidar a las personas que estaban trabajando duro por liberarla.

Aquel ser utilizaba la voz de Julia para contarles a los miembros del equipo sus debilidades y pecados más secretos, proporcionando todos los detalles y precisiones. Esto no fue exclusivo a un solo miembro del equipo, puesto que lo hizo con personas que incluso todavía no conocía. Era una forma de presumir o hacerle saber a los miembros del equipo que ese ser sabía todo sobre ellos.

Durante sus exorcismos, Julia podía notar la diferencia entre agua bendita y agua normal. Si se le rociaba agua normal encima, ella no mostraba ninguna reacción física, pero si se le echaba agua bendita, ella gritaba y se retorcía por un terrible dolor.

En las voces que hablaban a través de Julia tampoco se limitaban a los momentos de evaluación y a los exorcismos. En cierta ocasión, el Dr. Gallagher estaba hablando por teléfono del caso de Julia con un sacerdote que vivía muy lejos de ahí. Durante la conversación, una de las voces demoniacas de Julia interrumpió a los hombres y les ordenó que dejaran en paz a Julia. Ambos estaban bastante desconcertados respecto a lo que había ocurrido y cómo hizo la voz para estar en la llamada telefónica, además de saber que estaban hablando sobre Julia en ese momento.

Aun así, algo que impresionó a todo el equipo fue cuando Julia llegaba a levitar durante los exorcismos. En una situación en particular, un grupo de testigos, incluyendo médicos y monjas que trabajaban como enfermeras psiquiátricas, vieron a Julia flotar unos 30 centímetros sobre el piso por una media hora, no había nada que pudiera utilizar Julia para apoyarse o sostenerse. Esa no fue la única ocasión en que la vieron levitar, pero si fue la más impresionante y ocurrió durante un intento de exorcismo.

A pesar de lo sorprendente de la levitación, esa no era la única manifestación dramática asociada con su posesión. Durante otro incidente, mientras Julia levitaba a unos quince centímetros del suelo, algunos objetos comenzaron a salir volando de la repisa de la habitación, haciendo que se volviera algo peligroso para los presentes.

Julia no recordaba nada de esto cuando estaba consciente. Cuando levitaba o hablaba con esas otras voces, ella entraba en un estado de trance. Era como si otra cosa entrara a su cuerpo y lo utilizará durante esos momentos.

Durante sus trances, Julia manifestaba sus poderes sobrenaturales y hablaba de ella en tercera persona. Mucho de lo que decía eran provocaciones, insultos y amenazas. Las voces soltaban expresiones como "¡ella es nuestra!", "¡déjala en paz, imbécil!" y otras tantas que venían acompañadas de groserías y blasfemias. Otra característica de sus palabras era un gran desprecio por la religión y todo lo sagrado, las voces incluso llegaron a decirle a las monjas que eran unas "putas".

Julia también llegó a manifestar una fuerza sobrenatural que requería que varias personas la sostuvieran al mismo tiempo para que no pudiera lastimar a los presentes ni a ella misma.

El exorcismo que acabó con todo comenzó en un día soleado. Julia había sido llevada para otro intento de exorcismo. Conforme la metían en la habitación, los presentes sintieron que la temperatura del lugar se volvía muy fría repentinamente. Además, era un frío sobrenatural que helaba hasta los huesos y dejaba una sensación hostil y misteriosa que daba escalofríos.

Cuando los demonios comenzaron a hablar a través de Julia, el entorno en la habitación cambió radicalmente. La temperatura aumentó dramáticamente y las personas que estaban trabajando en el exorcismo sudaban profusamente. La temperatura seguía aumentando hasta niveles casi insoportables.

. . .

Siguieron las oraciones y los rituales a pesar de todo. Las voces y los sonidos que salían de Julia cambiaron a escalofriantes gruñidos de animales que se podría decir que eran imposibles para cualquier ser humano. Poco después, las voces regresaron a su conducta normal utilizando diferentes idiomas para expresarse con groserías, despreciar y profanar con una gran ira y odio.

Todos esos exorcismos lograron ser algo útiles para ayudar a Julia, pero nunca logró estar completamente liberada de los demonios que la poseían.

15

Exorcismos en el siglo XXI

Generalmente, conforme la influencia de la religión organizada disminuye y se realizan progresos médicos, más personas están preparadas para aceptar los diagnósticos de salud mental. Esto ha llevado a que se realicen menos exorcismos en las personas mentalmente enfermas o vulnerables. Sin embargo, esto no ha sido para cada parte del mundo.

Algunos países siguen siendo más supersticiosos o religiosos que otros. En Rumania, durante el año 2005, ocurrió el exorcismo de Tanacu, en el que un sacerdote y cuatro monjas intentaron un exorcismo a una monja mentalmente enferma.

. . .

El caso fue ampliamente difundido por los medios rumanos y llevó a un gran reclamo público.

Tanacu es una comuna (una subdivisión rural) en el condado Vasuli en Rumania. Actualmente, Tanacu se conforma de dos pueblos, Beneşti y Tanacu. Desde 1968, los pueblos de Muntenii de Sus y Satu Nou también fueron incorporados a la comunidad de Tanacu.

Sin embargo, en el 2004, estos pueblos fueron divididos para formar la comuna de Muntenuu de Sus. Hasta el 2005, un monasterio rumano ortodoxo funcionaba en Tanacu.

Maricica Irina Cornici no tuvo un inicio de vida muy sencillo. Nació en una familia pobre y ella y su hermano crecieron en un orfanato después del suicidio de su padre. A la edad de 19 años, Cornici pasó un tiempo trabajando como niñera para familias en Alemania y en su natal Rumania.

Alentada por una amiga del orfanato que tomó un camino similar, Cornici decidió ordenarse religiosa. En enero del 2005, la joven de ahora 23 años de edad se unió al monasterio de Tanacu.

. . .

No pasó mucho tiempo antes de que la conducta de Cornici comenzara a causar preocupación entre sus compañeras monjas. Lo que comenzó como una risita simple durante la misa, evolucionó rápidamente.

Para abril, el estado mental de la joven se había deteriorado tanto que fue admitida en el hospital psiquiátrico local.

Allí, Cornici estuvo bajo supervisión y, eventualmente, los doctores la diagnosticaron con esquizofrenia. Después de quince días de tratamiento, fue liberada bajo el cuidado del monasterio.

Petre Corogeanu, de 29 años de edad, el sacerdote del monasterio de Tanacu. Cumpliendo este cargo, ejerció control total sobre sus operaciones y habitantes. Antes de entrar a la vida religiosa, Corogeanu fue un jugador profesional de fútbol para el equipo de su ciudad natal en Vaslui.

Después de que finalizó su carrera deportiva, Daniel Petre Corogeanu intentó entrar a la Universidad de Bucarest para estudiar leyes o deportes. Cuando fracasó la admisión en la universidad, Corogeanu comenzó a leer estudios religiosos en la Universidad Iasi.

. . .

Un año después de comenzar sus estudios, a Corogeanu se le acercó un hombre de negocios de su ciudad natal. El hombre de negocios quería la ayuda de Corogeanu para construir el monasterio de Tanacu en las colinas cerca de Vasuli. Durante este proceso, un obispo local ordenó a Corogeanu.

La ordenanza de Corogeanu fue llevada a cabo bajo el entendimiento de que seguiría con sus estudios junto con su trabajo en el monasterio. No obstante, Corogeanu rápidamente entregó su plaza en la Universidad para poder dedicarse completamente a su trabajo en el monasterio de Tanacu.

Un sacerdote poco convencional, en el 2003 el Padre Corogeanu tuvo una serie de discusiones con la diócesis local.

Esto llevó a que el Obispo de la zona visitara a Corogeanu para leerle la ley canónica. En su defensa, Corogeanu argumentó que las reglas eran innovaciones del siglo XIX hechas por los masones.

Estas disputas se intensificaron y, eventualmente, llevaron a que la comunidad original de monjes dejara el monasterio para elegir servir en otra parte de Rumania como sacerdotes. En su lugar, Corogeanu reclutó a una comunidad de monjas. Registros de la época sugieren que esas monjas estaban completamente dedicadas a Corogeanu.

Fue bajo el cuidado de esta comunidad poco convencional donde fue liberada la vulnerable joven Cornici.

El Padre Corogeanu declaró a sus seguidoras que Cornici no solamente estaba enferma mentalmente, sino que también estaba poseída por Satanás. Corogeanu luego confesaría haber dicho que no se puede sacar al demonio de las personas con pastillas. El Padre Corogeanu decretó que era necesario un exorcismo para salvar a Cornici.

Actuando según las instrucciones de Corogeanu, las monjas ataron las manos y los pies de Cornici. Luego fue encerrada en su habitación, mientras Corogeanu y las monjas celebraron la Ascensión de Jesús. Cornici permaneció atrapada en ese estado por varios días.

Después de que pasaron unos cuantos días, Cornici fue liberada de sus ataduras antes de ser encadenada a una cruz con los brazos estirados. De esta manera, fue llevada hasta la iglesia. Ahí, sus muñecas y su frente fueron ungidas con aceite bendito. Colocaron una toalla sobre la boca de Cornici para que no maldijera. Se pronunciaron oraciones para expulsar al demonio mientras otras monjas mojaban los labios de Cornici con agua bendita.

Cornici permaneció encadenada en la iglesia por tres días. Cuando el tiempo pasó, la ahora peligrosamente débil Cornici fue llevada a su habitación donde finalmente fue liberada de sus cadenas.

La terrible experiencia de Cornici había terminado. De acuerdo con el Padre Corogeanu, ella estaba curada.

Después, algunas de las monjas fueron a comprobar la condición de Cornici. Al no ser capaces de despertarla y descubrir que su pulso era cada vez más débil, llamaron a una ambulancia. Por desgracia, Maricica Irina Cornici murió antes de que la ambulancia pudiera llegar al hospital más cercano.

En el hospital, los doctores se dieron cuenta de las marcas dejadas por las cadenas en los tobillos y en las muñecas de Cornici. Una autopsia demostró que Maricica Irina

Cornici había muerto por deshidratación, cansancio y falta de oxígeno. Todos estos descubrimientos fueron reportados a la policía.

Mientras la policía comenzó sus investigaciones, las personas estaban sorprendidas de ver cómo las condiciones en el monasterio eran demasiado similares a un culto de personalidad alrededor de Corogeanu. Las personas también estaban sorprendidas por el tratamiento al que había sido sometida la mentalmente enferma Cornici.

En este ambiente, la iglesia ortodoxa rumana se movilizó para cerrar el monasterio.
Daniel Petre Corogeanu fue retirado del sacerdocio.

La policía arrestó a Corogeanu y a cuatro monjas que habían ayudado en el exorcismo. Al grupo se le imputaron los cargos de homicidio y privación de la libertad a una persona. A pesar de que los demandantes querían una sentencia de por vida, Corogeanu fue sentenciado a 14 años en prisión, la cual luego fue reducida a siete años. En el 2011, Corogeanu fue liberado bajo fianza. Las monjas fueron condenadas a servir entre cinco y ocho años.

. . .

El caso dominaba la agenda de los medios rumanos, los encabezados en la prensa sugerían que el condado seguía en la edad media. En el 2012, la película *Beyond the Hills* fue estrenada. La película se basaba en una serie de novelas escritas por Tatiana Niculesc Bran. Éstas estaban inspiradas en el caso de Tanacu.

A pesar del progreso que ha hecho el mundo, este caso es muy similar a aquellos de la edad media en el que los individuos mentalmente enfermos y vulnerables eran sujetos a ataques físicos disfrazados de exorcismos a manos de personas ingenuas, abusivas o peligrosamente poderosas.

Aún más reciente, en el 2007, un levantamiento makutu, otro nombre para un exorcismo, resultó en una muerte en Wellington, Nueva Zelanda. Esta ceremonia es parte de la cultura indígena maorí.

Los maoríes son personas indígenas de Polinesia en Nueva Zelanda. Llegaron en diferentes oleadas por medio de viajes en canoa, en algún momento entre 1250 y 1300 de nuestra era. Formaron distintos grupos tribales y se establecieron para vivir en soledad por los siguientes siglos. Durante este tiempo, desarrollaron una cultura única, la cual llegó a conocerse como maorí. Esto incluía su propio lenguaje, una rica mitología, artesanías distintivas y artes escénicas.

Salió muchos siglos de florecimiento, la llegada de los colonizadores europeos llevó a un descenso en la cultura maorí.

Para finales del siglo XIX, había serias preocupaciones sobre que los maorí dejaran de existir como una cultura diferente. Esto llevó una serie de esfuerzos para preservar y fomentar que la cultura maorí continuara y prosperara.

En la década de 1960, la cultura maorí pasó por un renacimiento, el cual fue de la mano con el activismo por la justicia social y un movimiento de protesta. Esto llevó a una creciente aceptación de la cultura maorí en Nueva Zelanda.

En el lenguaje maorí, un makutu puede ser traducido como brujería o hechicería. También puede ser un encantamiento o posesión. Para la mayoría de las personas maorí, un makutu es un poder oculto que puede ser utilizado para poseer a una persona.

. . .

De acuerdo con Elsdon Best, un etnógrafo que llevó a cabo estudios detallados en la cultura y personas maoríes, la creencia en el makutu era universal y prominente en los tiempos preeuropeos. El establecer qué funcionaba como una fuerza disciplinaria en los tiempos antiguos; era uno de los sustitutos de la ley civil que tenía el objetivo de preservar el orden en la comunidad maorí.

De acuerdo con Best, la efectividad del makutu aumentaba por el hecho de que podía ser llevado a cabo en secreto. Este elemento de incertidumbre producía precaución por parte de aquellos que podían, de otra manera, transgredir las leyes de la comunidad. Existía una creencia bastante difundida de que aquellos lo suficientemente expertos eran capaces de utilizar el makutu como un método para matar personas.

Antes de ser capaz de realizar un hechizo tan poderoso, un aprendiz debía pasar por un largo y difícil período de entrenamiento. Esto involucraba rituales y pruebas secretas. El makutu no era algo que podía ser usado libremente.

Si un irresponsable practicante de las artes oscuras se volvía una molestia para la tribu, la solución al problema simplemente implicaba matar al mago tan pronto como fuera posible.

Una vez bajo el hechizo del makutu, la única forma de liberarlo era visitando un tohunga. En la cultura maorí, un tohunga es un practicante experto de cualquier habilidad o arte. Tohunga incluye sacerdotes, sanadores, maestros y talladores.

Un tohunga era un líder espiritual dotado que poseía la habilidad para comunicarse con los reinos espiritual y temporal por medio de oraciones (karalia) y canciones (waiata). Estas eran legadas entre los tohungas por medio de la tradición oral.

A pesar del profundo respeto que los maorí tienen por los tohunga, existe un lado oscuro. Los colonizadores europeos solían tener una mala opinión sobre los tohunga. Esto llevó al Acta de supresión de los tohunga, la cual fue aprobada en 1907.

Después de que el acta fue aprobada, muchos tohunga se negaron a continuar con su tradición oral.

. . .

Aunque esto llevó a una gran pérdida de la cultura maorí, eso ayudó a acelerar su asimilación. Para el momento en el que el acta fue revocada en 1962, ya se habían perdido muchas cosas para siempre. Todo lo que quedó está, en gran parte, corrompido. No obstante, a pesar de la opresión, unos cuantos kaumatua y kuia continuaron pasando sus tradiciones y conocimientos a lo largo de las generaciones.

Nacida en 1987, Janet Moses creció con su familia en el suburbio de Wellington de Wainuiomata. Se había establecido bien en su vida adulta en la zona y tenía una pareja y dos niños pequeños. Sin embargo, en el 2007, Janet se enfrentó a una gran cantidad de pruebas difíciles.

Janet perdió a su amada abuela y su relación con su pareja y padre de sus hijos enfrentó a un momento difícil. Tiempo después, se hicieran sugerencias respecto al que ella también sufría de un trastorno psiquiátrico o psicológico sin diagnosticar. Esto llevó a que Janet se comportara cada vez más fuera de control y como si no fuera ella.

Sus familiares describen que Janet se comportaba como un león. Esta descripción se volvió muy importante para el caso; el emblema de la familia era un león y, al menos un miembro de la familia de Janet tenía un tatuaje de león con las palabras "familia unida".

También fue durante este periodo que un león de concreto fue robado de un hotel en la zona de Greytown en Wellington. Este acto fue cometido por miembros de la familia de Janet. La familia asociaba a la conducta de Janet con el león de concreto.

Cada vez más preocupados por la conducta de Janet, la familia Moses consultó a un kaumatua (un anciano sabio) con el nombre de Timi Rahi. Rahi rezó por Janet y la bendijo. También le aconsejó a la familia que regresaran el león de concreto, lo cual hicieron.

Luego, Rahi le dijo a la familia que era su responsabilidad llevar a cabo una ceremonia de sanación para Janet. Rahi dejó a la familia sola. Después de que se fue, comenzó una larga ceremonia para retirar el makutu. Ésta se llevó a cabo principalmente por la familia materna de Janet en su departamento en Wainuiomata, el cual había pertenecido a su fallecida abuela.

A pesar de la publicación, nunca hubo sugerencias de que ella estuviera poseída por su abuela. Además, no hubo ninguna sugerencia de que estaba maldita hasta que consultaron a Rahi. No existen registros de quién fue el primero que sugirió que Janet estaba maldita o quién fue el primero en sugerir que se requería un levantamiento de makutu.

Ninguno de los involucrados tenía un conocimiento formal de cómo llevar a cabo un makutu. Esto significa que la ceremonia fue improvisada en gran parte. Durante la ceremonia, se utilizó tanta agua que la alfombra del departamento quedó empapada. En cierto momento, se realizó un pequeño agujero en el piso para permitir que el agua restante fuera evacuada.

Janet sufrió un ataque prolongado hacia sus ojos durante la ceremonia mientras los participantes picaban los demonios que veían en sus ojos. Durante la noche, los vecinos reportaron haber escuchado pisadas rítmicas.

Alrededor de las ocho de la mañana siguiente, Janet Moses murió ahogada. Su padre, a pesar de viajar durante la noche desde Christchurch para estar con su hija, no fue informado sino hasta las 4:30 de la tarde. Media hora después, nueve horas después de que Janet había muerto, la policía fue informada del suceso.

. . .

Nueve de los que llevaron a cabo la ceremonia del makutu fueron arrestados. Durante su juicio bastante mediatizado, se puso mucho énfasis en el problema del consentimiento y si Janet Moses fue una participante voluntaria en el ritual. El juicio de 29 días vio a mil y un testigos que fueron convocados. Muchos de ellos dieron testimonios relacionados con las diferentes prácticas religiosas y culturales.

Después de deliberar por 20 horas, el jurado declaró culpables a cinco de los acusados. A todos se les ordenó servir sentencias basadas en servicio comunitario.

En las declaraciones proporcionadas después del juicio, el abuelo paterno de Janet, Charlie Moses, apoyó a los acusados diciendo que no sabían lo que estaban haciendo, "aunque les dije que no siguieran por ese camino. De todas maneras, eligieron hacerlo. Por ese error… Van a pagar por el resto de sus vidas. Aun así, les deseo lo mejor".

La controversia desencadenada por el levantamiento de makutu en Wainuiomata y su consecuente juicio es importante por traer el aspecto de la cultura maorí a la conciencia pública en Nueva Zelanda. Le trajo una atención mediática nunca antes vista a la cultura maorí y llevó a que muchos miembros importantes de la comunidad se distanciaran a sí mismos y sus creencias de lo que había sucedido con Janet Moses.

Conclusión

Las historias de posesión y exorcismo aquí presentadas sólo son una pequeña fracción de aquellos que se han registrado, además de que cada día son más. Se pueden encontrar anécdotas de Estados Unidos, América del sur, las Filipinas, en Europa y en África. Hasta los años setentas, los Estados Unidos tenía pocos casos de posesión demoniaca, pero han aumentado mucho en las últimas décadas. Aun así, el aumento de estos casos no nos deja más cerca de comprender qué es lo que ocurre en realidad.

Ya sea que queramos ver la posesión demoniaca como una forma de enfermedad mental aun infestación realizada por seres demoniacos, parece ser cierto que en cada época y en cada cultura hay personas que se ven afectadas por estas aplicaciones cuando creen que eso ocurre (ya sea que reciban maldiciones o alguien les diga que han sido poseídos).

Luego de esto, las personas pueden ser liberadas si creen que pueden lograrlo por medio de un ritual o exorcismo. Por esta razón, los rituales de exorcismo en cada época y lugar tienen la característica de ordenarle a los espíritus poseedores que se vayan. Normalmente, esto trae consigo varias afectaciones a la persona poseída y problemas y amenazas en contra de los que quieren ayudar. Por lo general, los exorcismos incluyen rezos o invocaciones a Dios o a espíritus benignos.

Muchos de los casos que hemos explicado en estas páginas nos muestran que el exorcista sufre de muchas dificultades para lograr deshacerse de los demonios del individuo poseído. Muchos exorcistas también han sido víctimas de posesiones durante el proceso. La completa mitología enfatiza la facilidad con la que las personas pueden ser poseídas por demonios y las muchas ocasiones en las que la histeria social ayuda con esta perspectiva.

Los exorcismos, por necesidad, implican tener la creencia de que la persona está poseída. Así pues, al confirmar esa creencia, el exorcista hace que la condición esté más arraigada. Primero se puede pensar que la persona está poseída y ahora alguien lo afirma, por lo que termina por cumplirse esa creencia.

. . .

Es muy difícil tratar a las personas que han sido poseídas, por lo que la persona puede caer en la desesperación y terminar en un estado mental y emocional que están más allá de la salvación puesto que su idea de posesión ha sido demasiado reforzada.

Este círculo vicioso se puede observar en el caso de Michael Taylor, quien asesinó brutalmente a su esposa después de un exorcismo. Algunos pueden decir que era locura psiquiátrica, una enfermedad mental o que en verdad pudo estar poseído. De cualquier manera, Michael lo creía y terminó por asesinar a su esposa.

Al menos, desde finales del siglo XIX, algunas personas han interpretado la posesión demoniaca, sus síntomas, como un tipo de neurosis o trastorno psicológico. Esto ayuda a nombrar y a clasificar, pero no hace mucho por explicar. Si dijéramos que hay una segunda identidad o personalidad dentro de la persona afligida, eso todavía no nos ayuda mucho. No tenemos idea de cómo funciona la identidad o personalidad principal, esa mente que se manifiestan, por lo que añadir una segunda entidad misteriosa hace que se vuelva más complicado. Claro que nos proporciona un nombre y algo que se puede discutir, pero no nos acerca a saber por qué o cómo sucede la posesión espiritual o demoniaca del cuerpo, espíritu o mente.

Lo único que queda claro es que este fenómeno se conoce como posesión demoniaca y ha ocurrido en todas las épocas desde que el humano puede registrarlo. Parece razonable creer que algún ser, o seres, es lo que provoca que las personas o espíritus se comporten o interactúen de esta manera. Al final, termina por no importa si crees en fantasmas y demonios, puesto que lo importante es el sufrimiento y dolor de la persona afligida.

Milton Keynes UK
Ingram Content Group UK Ltd.
UKHW020948221123
433051UK00020B/843